大方廣佛華嚴經

일러두기

1. 『대방광불화엄경 강설』 원문原文의 저본底本은 근세에 교정이 가장 잘 되었다고 정평이 나 있는 대만臺灣의 불타교육기금회佛陀教育基金會에서 출판한 『화엄경소초華嚴經疏鈔』본입니다.

2. 『대방광불화엄경 강설』은 실차난타實叉難陀가 695년부터 699년까지 4년에 걸쳐 번역해 낸 80권본卷本 『대방광불화엄경』을 우리말로 옮기고 강설을 붙인 것입니다.

3. 『대방광불화엄경』은 애초 산스크리트에서 한역漢譯된 경전이지만 현재 산스크리트본은 소실된 상태입니다. 산스크리트를 음차한 경우 굳이 원래 소리를 표기하려고 하기보다는 『표준국어대사전』이나 『불교사전』 등에 등재된 한자음을 사용하는 것을 원칙으로 하였습니다.

4. 경문의 한글 번역은 동국역경원본을 참고하여 그대로 또는 첨삭을 하며 의미대로 번역하고 다듬었습니다.

5. 각 품마다 내용에 따라 단락을 나누고 제목을 달았습니다. 단락의 제목은 주로 청량淸凉스님의 견해에 기초하였고 이통현李通玄장자의 견해를 참고로 하였습니다.

6. 『대방광불화엄경 강설』의 발행 순서는 한역 경전의 편재 순서를 기준으로 하였고 각 권은 단행본 한 권씩으로 출간될 예정이며 모두 80권으로 완간됩니다. 다만 80권본에 빠져 있는 「보현행원품」은 80권본 완역 및 강설 후 시리즈에 포함돼 추가될 예정입니다.

7. 『대방광불화엄경 강설』 안에서 불교용어를 풀이한 것은 운허스님이 저술하고 동국역경원에서 편찬한 『불교사전』을 인용하였습니다.

8. 각주의 청량스님의 소疏는 대만에서 입력한 大方廣佛華嚴經 사이트의 것을 사용하였습니다.

9. 『대방광불화엄경 강설』 입법계품에 들어가는 문수지남도는 북송北宋시대 불국佛國선사가 선재동자가 53명의 선지식을 친견하여 법을 구하는 장면을 하나하나 그림으로 그린 것입니다.

대방광불화엄경 강설
제 69 권

三十九. 입법계품入法界品 10

실차난타實叉難陀 한역
무비스님 강설

서문

만약 믿고 이해하는 마음이 있으면
세 세상 부처님을 모두 보리니
그 사람 눈은 청정해서
능히 모든 부처님의 바다에 들어가리라.

그대는 모든 부처님의 몸을 보라.
청정한 모습으로 장엄하시고
잠깐 동안에 신통한 힘으로
법계에 가득하도다.

노사나 여래께서
도량에서 바른 깨달음 이루시고
모든 법계 가운데서
청정한 법륜을 굴리시도다.

여래는 법의 성품이
고요하여 둘이 없음을 아시나
청정한 모습으로 장엄한 몸을
모든 세간에 두루 보이시도다.

부처님의 몸 부사의하여
법계에 충만하시며
모든 세계에 널리 나타나시어
일체 중생들이 다 보도다.

부처님의 몸은 항상 광명을 놓아
모든 세계의 미진수 같으시니
가지각색 청정한 빛이
염념이 법계에 두루 하도다.

여래의 한 모공으로
부사의한 광명을 놓아
여러 중생에게 널리 비추어
그들의 번뇌를 소멸하게 하도다.

여래의 한 모공으로
끝이 없는 화신을 출생하사
법계에 가득하시어
중생들의 괴로움을 소멸하도다.

부처님이 하나의 묘한 음성을 내어
종류를 따라 다 알게 하시고
광대한 법을 널리 비처럼 내려서
보리심을 발하게 하도다.

부처님이 옛날 여러 가지를 수행하실 때

이미 저를 거두어 주셨으므로

그러므로 오늘날 여래께서

모든 세계에 널리 나타나심을 보도다.

2017년 9월 10일

신라 화엄종찰 금정산 범어사

如天 無比

대방광불화엄경 목차

제1권	1. 세주묘엄품世主妙嚴品 [1]		제18권	18. 명법품明法品
제2권	1. 세주묘엄품世主妙嚴品 [2]		제19권	19. 승야마천궁품昇夜摩天宮品
제3권	1. 세주묘엄품世主妙嚴品 [3]			20. 야마천궁게찬품夜摩天宮偈讚品
제4권	1. 세주묘엄품世主妙嚴品 [4]			21. 십행품十行品 [1]
제5권	1. 세주묘엄품世主妙嚴品 [5]		제20권	21. 십행품十行品 [2]
제6권	2. 여래현상품如來現相品		제21권	22. 십무진장품十無盡藏品
제7권	3. 보현삼매품普賢三昧品		제22권	23. 승도솔천궁품昇兜率天宮品
	4. 세계성취품世界成就品		제23권	24. 도솔궁중게찬품兜率宮中偈讚品
제8권	5. 화장세계품華藏世界品 [1]			25. 십회향품十廻向品 [1]
제9권	5. 화장세계품華藏世界品 [2]		제24권	25. 십회향품十廻向品 [2]
제10권	5. 화장세계품華藏世界品 [3]		제25권	25. 십회향품十廻向品 [3]
제11권	6. 비로자나품毘盧遮那品		제26권	25. 십회향품十廻向品 [4]
제12권	7. 여래명호품如來名號品		제27권	25. 십회향품十廻向品 [5]
	8. 사성제품四聖諦品		제28권	25. 십회향품十廻向品 [6]
제13권	9. 광명각품光明覺品		제29권	25. 십회향품十廻向品 [7]
	10. 보살문명품菩薩問明品		제30권	25. 십회향품十廻向品 [8]
제14권	11. 정행품淨行品		제31권	25. 십회향품十廻向品 [9]
	12. 현수품賢首品 [1]		제32권	25. 십회향품十廻向品 [10]
제15권	12. 현수품賢首品 [2]		제33권	25. 십회향품十廻向品 [11]
제16권	13. 승수미산정품昇須彌山頂品		제34권	26. 십지품十地品 [1]
	14. 수미정상게찬품須彌頂上偈讚品		제35권	26. 십지품十地品 [2]
	15. 십주품十住品		제36권	26. 십지품十地品 [3]
제17권	16. 범행품梵行品		제37권	26. 십지품十地品 [4]
	17. 초발심공덕품初發心功德品		제38권	26. 십지품十地品 [5]

제39권	26. 십지품 十地品 [6]		제58권	38. 이세간품 離世間品 [6]
제40권	27. 십정품 十定品 [1]		제59권	38. 이세간품 離世間品 [7]
제41권	27. 십정품 十定品 [2]		제60권	39. 입법계품 入法界品 [1]
제42권	27. 십정품 十定品 [3]		제61권	39. 입법계품 入法界品 [2]
제43권	27. 십정품 十定品 [4]		제62권	39. 입법계품 入法界品 [3]
제44권	28. 십통품 十通品		제63권	39. 입법계품 入法界品 [4]
	29. 십인품 十忍品		제64권	39. 입법계품 入法界品 [5]
제45권	30. 아승지품 阿僧祇品		제65권	39. 입법계품 入法界品 [6]
	31. 여래수량품 如來壽量品		제66권	39. 입법계품 入法界品 [7]
	32. 보살주처품 菩薩住處品		제67권	39. 입법계품 入法界品 [8]
제46권	33. 불부사의법품 佛不思議法品 [1]		제68권	39. 입법계품 入法界品 [9]
제47권	33. 불부사의법품 佛不思議法品 [2]		**제69권**	**39. 입법계품 入法界品 [10]**
제48권	34. 여래십신상해품 如來十身相海品		제70권	39. 입법계품 入法界品 [11]
	35. 여래수호광명공덕품 如來隨好光明功德品		제71권	39. 입법계품 入法界品 [12]
			제72권	39. 입법계품 入法界品 [13]
제49권	36. 보현행품 普賢行品		제73권	39. 입법계품 入法界品 [14]
제50권	37. 여래출현품 如來出現品 [1]		제74권	39. 입법계품 入法界品 [15]
제51권	37. 여래출현품 如來出現品 [2]		제75권	39. 입법계품 入法界品 [16]
제52권	37. 여래출현품 如來出現品 [3]		제76권	39. 입법계품 入法界品 [17]
제53권	38. 이세간품 離世間品 [1]		제77권	39. 입법계품 入法界品 [18]
제54권	38. 이세간품 離世間品 [2]		제78권	39. 입법계품 入法界品 [19]
제55권	38. 이세간품 離世間品 [3]		제79권	39. 입법계품 入法界品 [20]
제56권	38. 이세간품 離世間品 [4]		제80권	39. 입법계품 入法界品 [21]
제57권	38. 이세간품 離世間品 [5]		제81권	40. 보현행원품 普賢行願品

대방광불화엄경 강설 제69권

三十九. 입법계품入法界品 10

【 지말법회의 53선지식 】

【 십지위 선지식 】

33. 보덕정광주야신 ·· 17
    1) 보덕정광주야신을 뵙고 법을 묻다 ····················· 17
    2) 보덕정광주야신이 법을 설하다 ·························· 20
        (1) 보살행을 원만하게 하는 열 가지 법 ·············· 20
        (2) 보덕정광주야신이 얻은 해탈 ······················· 25
        (3) 갖가지 방편으로 중생들을 이익하게 하다 ······ 34
        (4) 해탈을 닦을 때의 일을 밝히다 ····················· 38
    3) 자기는 겸손하고 다른 이의 수승함을 추천하다 ····· 41
    4) 다음 선지식 찾기를 권유하다 ····························· 43

5) 보덕정광주야신이 해탈의 뜻을 게송으로 거듭 펴다 ············43
  (1) 법의 내용을 설하다 ·················43
  (2) 자기는 겸손하고 다른 이의 수승함을 추천하다 ············49
  (3) 게송으로 다음 선지식 찾기를 권유하다 ···············50

34. 희목관찰중생주야신 ·····················53
  1) 희목관찰중생주야신을 뵙고 법을 묻다 ···············53
    (1) 가르침에 의지하여 선지식을 찾다 ···············53
    (2) 선지식을 만나서 가피를 얻다 ·················55
    (3) 선지식을 친근한 공덕을 생각하다 ···············58
  2) 희목관찰중생주야신이 법을 설하다 ················62
    (1) 모공에서 한량없는 몸의 구름을 내어 법을 설하다 ········62
    (2) 보시바라밀 ·····················64
    (3) 지계바라밀 ·····················66
    (4) 인욕바라밀 ·····················68
    (5) 정진바라밀 ·····················71
    (6) 선정바라밀 ·····················74
    (7) 반야바라밀 ·····················77
    (8) 방편바라밀 ·····················80

(9) 서원바라밀 ···83

(10) 역바라밀 ···86

(11) 지혜바라밀 ···88

(12) 모공에서 한량없는 중생들의 몸의 구름을 내다 ·········92

(13) 법을 연설하는 가지가지 소리 ·····························98

(14) 처음 발심할 때의 십바라밀 공덕 ·······················100

(15) 모든 공덕이 계속하는 차례를 말하다 ·················110

(16) 법을 설한 이익을 밝히다 ·································114

3) 선재동자가 보고 듣고 이익을 얻다 ·······························115

4) 선재동자의 게송 찬탄 ···118

5) 희목관찰중생주야신이 발심한 때의 일을 말하다 ············126

(1) 적정음겁 때의 일 ···128

(2) 천승겁 때의 일 ···144

(3) 범광명겁 때의 일 ··147

(4) 공덕월겁 때의 일 ··150

(5) 적정혜겁 때의 일 ··153

(6) 선출현겁 때의 일 ··156

(7) 집견고왕겁 때의 일 ·······································160

(8) 묘승주겁 때의 일 ··163

(9) 천공덕겁 때의 일 ··166

(10) 무착장엄겁 때의 일 ·····································168

(11) 공덕당 부처님께 공양한 일 ·······································171
(12) 보현의 도를 성취하다 ···174
(13) 고금의 일을 회통하다 ···179
6) 자기는 검손하고 다른 이의 수승함을 추천하다 ···············181
7) 다음 선지식 찾기를 권유하다 ·······································184

대방광불화엄경 강설

제69권

三十九. 입법계품 10

문수지남도 제33, 선재동자가 보덕정광주야신을 친견하다.

33. 보덕정광주야신 普德淨光主夜神
제2 이구지離垢地 선지식

1) 보덕정광주야신을 뵙고 법을 묻다

爾時에 善財童子가 了知彼婆珊婆演底夜神의
(이시) (선재동자) (요지피바산바연저야신)

初發菩提心하야 所生菩薩藏과 所發菩薩願과 所
(초발보리심) (소생보살장) (소발보살원) (소

淨菩薩度와 所入菩薩地와 所修菩薩行과
정보살도) (소입보살지) (소수보살행)

그때에 선재동자는 바산바연저주야신의 처음으로 보리심을 발하던 일과, 보살의 장藏을 내던 일과, 보살의 원願을 세우던 일과, 보살의 바라밀다를 청정히 하던 일과, 보살의 지위에 들어가던 일과, 보살의 행行을 닦던 일과,

三十九. 입법계품入法界品 10

所行出離道와 一切智光海와 普救衆生心과 普
編大悲雲과 於一切佛刹에 盡未來際토록 常能出
生普賢行願하고 漸次遊行하야 至普德淨光夜神
所하야 頂禮其足하며 繞無數帀하며 於前合掌하야 而
作是言하나라

보살의 벗어나는 길을 행하던 일과, 일체 지혜 광명 바다와, 중생을 널리 구원하는 마음과, 널리 두루 크게 가없이 여기는 구름과, 모든 세계에서 오는 세월이 끝나도록 보현의 행과 원을 항상 내는 것을 분명히 알면서 점점 나아가 보덕정광普德淨光주야신의 처소에 이르러 그의 발에 절하고 수없이 돌고 앞에서 합장하고 말하였습니다.

세간의 공부를 하거나 출세간의 공부를 하거나 앞에서 배운 내용을 복습해서 정리하고 다시 분명하게 기억해 두는 것은 공부의 정도이다. 만약 공부만 하고 다시 복습하여 기억해 두지 않는다면 그 손실은 매우 크다.

선재동자는 앞의 선지식에게서 들은 법문을 복습하여 분명하고 확실하게 기억해 두는 것을 게을리하지 않는다. 법문을 듣고 다음 법문을 들을 때까지의 시간은 복습의 시간이지 그냥 놀기만 하는 시간이 아니다. 그래서 선재동자는 모든 공부하고 수행하는 사람들의 본보기이며 모범이 된다. 공부하는 사람들은 깊이 명심할 일이다.

聖者여 我已先發阿耨多羅三藐三菩提心호니 而我未知菩薩이 云何修行菩薩地며 云何出生菩薩地며 云何成就菩薩地리잇고

"거룩하신 이여, 저는 이미 아뇩다라삼먁삼보리심을 내었습니다. 그러나 아직 보살이 어떻게 보살의 지위를 수행하며, 어떻게 보살의 지위를 내며, 어떻게 보살의

지위를 성취하는지를 알지 못합니다."

2) 보덕정광주야신이 법을 설하다

(1) 보살행을 원만하게 하는 열 가지 법

夜神이 答言하사대 善哉善哉라 善男子여 汝已能
發阿耨多羅三藐三菩提心하고 今復問於菩薩地
에 修行出生과 及以成就로다

주야신이 대답하였습니다. "훌륭하고 훌륭합니다. 선남자여, 그대는 능히 아뇩다라삼먁삼보리심을 내었고, 이제 다시 보살의 지위를 수행하고 출생하고 성취함을 물었습니다."

善男子야 菩薩이 成就十法하야 能圓滿菩薩行

하나니 **何者**가 **爲十**고
_{하 자   위 십}

"선남자여, 보살이 열 가지 법을 성취하면 능히 보살의 행을 원만히 합니다. 무엇이 열 가지입니까?"

一者는 **得淸淨三昧**하야 **常見一切佛**이요
_{일 자   득 청 정 삼 매   상 견 일 체 불}

"하나는 청정한 삼매를 얻어 모든 부처님을 항상 친견함이요,

二者는 **得淸淨眼**하야 **常觀一切佛相好莊嚴**이요
_{이 자   득 청 정 안   상 관 일 체 불 상 호 장 엄}

둘은 청정한 눈을 얻어 모든 부처님의 잘생긴 모습으로 장엄함을 항상 관찰함이요,

三者는 **知一切如來無量無邊功德大海**요
_{삼 자   지 일 체 여 래 무 량 무 변 공 덕 대 해}

셋은 모든 여래의 한량없고 그지없는 공덕의 큰 바다를 앎이요,

사자 지등법계무량제불법광명해
四者는 **知等法界無量諸佛法光明海**요

넷은 법계와 평등한 한량없는 모든 부처님의 법의 광명 바다를 앎이요,

오자 지일체여래일일모공 방등중생수대
五者는 **知一切如來一一毛孔**에 **放等衆生數大**
광명해 이익무량일체중생
光明海하야 **利益無量一切衆生**이요

다섯은 모든 여래의 낱낱 모공마다 중생의 수효와 같은 큰 광명 바다를 놓아 한량없는 일체 중생을 이익하게 함이요,

六者는 見一切如來――一毛孔에 出一切寶色
光明焰海요

여섯은 모든 여래의 낱낱 모공마다 모든 보배색 광명 불꽃 바다 내는 것을 봄이요,

七者는 於念念中에 出現一切佛變化海하야 充滿法界하야 究竟一切諸佛境界하야 調伏衆生이요

일곱은 생각 생각마다 모든 부처님의 변화하는 바다를 출현하여 법계에 가득하고 일체 모든 부처님의 경계에 끝까지 이르러 중생을 조복함이요,

八者는 得佛音聲하야 同一切衆生言音海하야

전 삼 세 일 체 불 법 륜
轉三世一切佛法輪이요

여덟은 부처님의 음성을 얻고 모든 중생의 말과 같아서 세 세상 일체 부처님의 법륜을 굴림이요,

구자 지 일 체 불 무 변 명 호 해
九者는 **知一切佛無邊名號海**요

아홉은 모든 부처님의 그지없는 이름 바다를 앎이요,

십자 지 일 체 불 조 복 중 생 부 사 의 자 재 력
十者는 **知一切佛調伏衆生不思議自在力**이니라

열은 모든 부처님께서 중생을 조복하는 부사의하고 자재한 힘을 앎입니다."

선 남 자 보 살 성 취 차 십 종 법 즉 능 원 만
善男子야 **菩薩**이 **成就此十種法**하면 **則能圓滿**

보 살 제 행
菩薩諸行이니라

"선남자여, 보살이 이 열 가지 법을 성취하면 곧 보살의 모든 행을 원만하게 합니다."

대승보살교大乘菩薩教는 보살행을 원만히 하는 것을 근본으로 한다. 보살행을 원만히 하려면 위에서 밝힌 열 가지 법을 성취해야 한다. 보덕정광주야신 선지식이 법을 설하는 과정에서 선재동자의 보리심 발함을 찬탄하고 밝힌 내용이다.

(2) 보덕정광주야신이 얻은 해탈

선 남 자   아 득 보 살 해 탈   명 적 정 선 정 락 보
善男子야 **我得菩薩解脫**호니 **名寂靜禪定樂普**
유 보
遊步라

"선남자여, 저는 보살의 해탈을 얻었으니 이름이 '적정한 선정의 낙으로 두루 다님'입니다."

보견삼세일체제불 　　역견피불　청정국토
普見三世一切諸佛하며 亦見彼佛의 淸淨國土와

도량중회　신통명호　설법수명　언음신상
道場衆會와 神通名號와 說法壽命과 言音身相이

종종부동　실개명도　　이무취착
種種不同을 悉皆明覩호대 而無取着하니라

"세 세상의 일체 모든 부처님을 두루 보고, 또한 그 부처님들의 청정한 국토와 도량에 모인 대중을 보며, 신통과 이름과 법을 설함과 수명과 말씀과 모습이 각각 같지 아니함을 모두 다 밝게 보면서도 집착함이 없습니다."

보덕정광주야신 선지식은 적정한 선정의 낙으로 두루 다니는 해탈을 얻어서 과거 현재 미래의 일체 모든 부처님을 두루 다 보았다. 국토와 도량에 모인 대중과 신통과 이름 등 온갖 것을 다 보았다. 그래서 아래에는 자신이 알고 있는 여래에 대해서 몇 가지로 밝혔다.

하이고 지제여래비거 세취영멸고 비래
何以故오 **知諸如來非去**니 **世趣永滅故**며 **非來**
체 성 무 생 고
體性無生故며

"왜냐하면 모든 여래는 지나간 것이 아니니 세상의 길이 아주 없어진 연고며, 오는 것이 아니니 자체의 성품이 남[生]이 없는 연고입니다."

먼저 여래는 지나간 것도 아니고 오는 것도 아니라고 하였다. 불교에서는 부처님이나 중생이나 그 외 일체 존재의 실상을 바르게 아는 데는 중도中道의 견해를 가져야 한다고 하여 여래에 대해서도 중도적 견해를 먼저 들었다.

중도는 다시 팔불중도八不中道로 표현되는데 불생역불멸不生亦不滅 불상역부단不常亦不斷 불일역불이不一亦不異 불래역불거不來亦不去이다. 즉 남[生]도 없고 멸滅함도 없으며, 항상恒常하지도 않고 단멸斷滅하지도 않으며, 동일同一함도 아니고 다름이 있음도 아니며, 옴[來]도 아니요 또한 가는 것[去]도 아니라는 뜻이다.

이와 같이 생生·멸滅·거去·래來·일一·이異·단斷·상常

등 8종의 어리석은 고집을 부정하는 데서 나타나는 중도의 이치이다. 중생들의 어리석고 삿된 견해를 없앤 뒤에 다시 따로 중도라는 법이 있는 것이 아니라 어리석고 그릇된 견해를 끝까지 없애는 그것[八不]이 곧 무엇이라 말할 수 없는 팔불중도의 이치이며, 따라서 팔불중도의 참뜻을 알면 모든 어리석고 그릇된 견해가 없어질 뿐만 아니라 팔불중도라는 생각까지도 있지 않게 된다는 것이다.

비생 법신평등고 비멸 무유생상고
非生이니 **法身平等故**며 **非滅**이니 **無有生相故**며

"생기는 것이 아니니 법의 몸이 평등한 연고며, 없어지는 것이 아니니 생기는 모양이 없는 연고입니다."

역시 여래는 생멸을 초월하였으며 또한 생멸을 보이기도 한다. 보이면서 초월하고 초월하였으며 능히 보이기도 하는 것이 중도인 여래의 진실상이다.

非實이니 住如幻法故며 非妄이니 利益衆生故며

"진실한 것이 아니니 환술 같은 법에 머무는 연고며, 허망한 것이 아니니 중생을 이익하게 하는 연고입니다."

진실과 허망은 팔불중도의 불상역부단不常亦不斷에 해당된다. 여래는 진실한 것도 아니고 허망한 것도 아니다. 또한 진실하기도 하고 허망하기도 하다.

非遷이니 超過生死故며 非壞니 性常不變故며

"변천하는 것이 아니니 생사를 초월한 연고며, 무너지는 것이 아니니 성품이 변하지 않는 연고입니다."

여래는 생사를 초월하였으므로 변천하지 않으며, 여래는 그 성품이 변하지 않으니 무너지는 것도 아니다. 만약 변천한다면 그것은 생사요, 무너진다면 그것은 변하는 것이다.

일상　　언어실리고　　무상　　성상본공고
一相이니 言語悉離故며 無相이니 性相本空故니라

"한 모양이니 말을 모두 여읜 연고며, 모양이 없으니 성품과 모양이 본래 공한 연고입니다."

한 모양이란 곧 모양이 없음이다. 모양이 없어야 그것이 진정한 한 모양이기 때문이다. 그것이 여래의 모양이다.

선남자　아여시요지일체여래시　어보살
善男子야 我如是了知一切如來時에 於菩薩

적정선정락보유보해탈문　분명요달　　성취
寂靜禪定樂普遊步解脫門에 分明了達하야 成就

증장　　사유관찰　　견고장엄
增長하야 思惟觀察하며 堅固莊嚴하며

"선남자여, 제가 이와 같이 모든 여래를 알 때에 보살의 고요한 선정의 낙樂으로 두루 다니는 해탈문을 분명하게 알고 성취하고 증장하게 해서 생각하고 관찰하여 견고하게 장엄합니다."

불기일체망상분별   대비구호일체중생
不起一切妄想分別하며 **大悲救護一切衆生**하며

일심부동   수습초선
一心不動하야 **修習初禪**하고

"모든 허망한 생각과 분별을 일으키지 않고 크게 가없이 여김으로 일체 중생을 구호하며, 한결같은 마음이 흔들리지 않아서 초선初禪을 닦았습니다."

초선은 제일선第一禪이라고도 한다. 색계 4선천의 초선천初禪天이다. 정신이 통일되어 안정을 얻었으나 여전히 사려 분별하는 심・사尋伺와 정定을 즐기는 작용이 있는 선정 단계이다. 여기에 범중천梵衆天・범보천梵輔天・대범천大梵天의 3천이 있다.

식일체의업   섭일체중생   지력용맹
息一切意業하며 **攝一切衆生**하며 **智力勇猛**하며

희심열예   수제이선
喜心悅豫하야 **修第二禪**하고

"일체 뜻으로 짓는 모든 업을 쉬고, 일체 중생을 거두어 주며, 지혜의 힘이 용맹하고, 기쁜 마음이 매우 즐거워 제이선第二禪을 닦았습니다."

제이선第二禪은 색계 4선천의 제2선천이다. 사려 분별의 작용을 여의고 희락喜樂의 정情만 있는 정신 상태이다. 여기에 소광천少光天·무량광천無量光天·광음천光音天의 3천이 있다.

사 유 일 체 중 생 자 성　　염 리 생 사　　수 제 삼
思惟一切衆生自性하며 **厭離生死**하야 **修第三**
선
禪하고

"일체 중생들의 자성을 사유하며, 생사를 싫어하여 떠나서 제삼선第三禪을 닦았습니다."

제삼선第三禪은 색계 4선천의 제3선천이다. 탐닉적 희락喜樂을 버리고 다만 그 경지만을 기뻐하는 정신 상태이다. 여기

에 소정천少淨天・무량정천無量淨天・변정천遍淨天의 3천이 있다.

실능식멸일체중생 중고열뇌 수제사선
悉能息滅一切衆生의 **衆苦熱惱**하야 **修第四禪**하고

"일체 중생의 온갖 고통과 뜨거운 번뇌를 다 능히 소멸하여 제사선第四禪을 닦았습니다."

제사선第四禪은 색계 4선천의 제4선천이다. 심・사尋伺인 사려 분별과 수受인 희락喜樂의 정情과 정定인 경지의 열락悅樂 등을 버리고 마음이 남남하고 고요한 보양이다. 곧 사수捨受에 머무는 단계이다. 이 경지에는 무운천無雲天・복생천福生天・광과천廣果天・무상천無想天・무번천無煩天・무열천無熱天・선현천善現天・선견천善見天・색구경천色究竟天의 9천이 있다.

증장원만일체지원 출생일체제삼매해
增長圓滿一切智願하며 **出生一切諸三昧海**하며

입제보살해탈해문　　유희일체신통　　성취
入諸菩薩解脫海門하며 **遊戲一切神通**하며 **成就**

일체변화　　이청정지　　보입법계
一切變化하야 **以清淨智**로 **普入法界**호라

"일체 지혜와 서원을 증장하고 원만하게 하며, 일체 모든 삼매 바다를 출생하고, 모든 보살의 해탈 바다의 문에 들어가며, 모든 신통에 유희하고, 모든 변화를 성취하여 청정한 지혜로 법계에 두루 들어갔습니다."

(3) 갖가지 방편으로 중생들을 이익하게 하다

선남자　아수차해탈시　이종종방편　　성
善男子야 **我修此解脫時**에 **以種種方便**으로 **成**

취중생
就衆生호니

"선남자여, 저는 이 해탈을 닦을 적에 갖가지 방편으로 중생들을 성취하였습니다."

所謂於在家放逸衆生에 令生不淨想과 可厭想과 疲勞想과 逼迫想과 繫縛想과 羅刹想과 無常想과 苦想과 無我想과 空想과 無生想과 不自在想과 老病死想하야

"이른바 집에 있으면서 방일한 중생에게는 부정하다는 생각과, 싫다는 생각과, 고달프다는 생각과, 핍박한다는 생각과, 속박된다는 생각과, 나찰이라는 생각과, 무상하다는 생각과, 괴롭다는 생각과, 나가 없다는 생각과, 공하다는 생각과, 남[生]이 없다는 생각과, 자유롭지 못하다는 생각과, 늙고 병들어 죽는다는 생각을 내게 합니다."

집에 있으면서 방일한 중생들에게는 세상사와 인생사가 모두 부정하다는 생각과, 싫다는 생각과, 고달프다는 생각과, 핍박한다는 생각과, 속박된다는 생각 등을 내게 하여 세상사와 인생사가 모두 무상하다는 것을 알게 한다.

자어오욕　불생낙착　　역권중생　　불착욕
自於五欲에 **不生樂着**하며 **亦勸衆生**하야 **不着欲**

락　　유주법락　　　출리어가　　　입어비가
樂하고 **唯住法樂**하야 **出離於家**하야 **入於非家**하니라

"스스로 다섯 가지 욕락에 집착을 내지 않고, 또한 중생에게도 권하여 욕락에 집착하지 않게 하며, 다만 법의 즐거움에 머물러서 집을 떠나 집 아닌 데 들게 하였습니다."

세상사와 인생사가 모두 무상하다는 것을 알게 한 다음에는 오욕락에 대한 집착을 떠나게 하며 그 대신 법의 즐거움에 머물러서 집을 떠나 집 아닌 데 들게 한다.

　　약유중생　　주어공한　　　아위지식제악음
若有衆生이 **住於空閒**이어든 **我爲止息諸惡音**

성　　어정야시　　위설심법　　　어순행연
聲하고 **於靜夜時**에 **爲說深法**하야 **與順行緣**하며

"만약 어떤 중생이 공적하고 고요한 데 머물러 있으

면 저는 그에게 모든 나쁜 소리를 쉬게 하고, 고요한 밤에 깊은 법을 말하여 따르는 행의 인연을 줍니다."

따르는 행의 인연이란 중생들을 수순하여 그들의 문제를 해결해 주는 인연이다. 방일하거나 오욕락에 집착하는 것도 문제지만 텅 비고 한가한 곳에서 아무런 일도 없이 세월을 죽이고 있는 것도 보살의 입장에서 보면 바람직한 일은 아니다.

開出家門하야 示正道路하며 爲作光明하야 除其闇障하고 滅其怖畏하며 讚出家業하고 歎佛法僧과 及善知識이 具諸功德하며 亦歎親近善知識行호라

"출가하는 문을 열어 바른 길을 보이며, 광명이 되어 어두운 장애를 없애고 공포를 없애며, 출가하는 일을 찬탄하고 불보·법보·승보와 선지식이 온갖 공덕을 갖

춘 것을 찬탄하며, 또한 선지식을 친근하는 행을 찬탄 하였습니다."

출가란 세속적인 일에 연연하지 않는 것이다. 세속적인 일이란 재물과 이성과 음식과 명예와 수면 등의 다섯 가지 욕락을 탐하는 일이며, 눈과 귀와 코와 혀와 몸이 하고자 하는 것만을 탐하는 일이다. 불보·법보·승보와 선지식이 온갖 공덕을 갖춘 것을 찬탄하고, 또한 선지식을 친근하는 행을 찬탄하여 사람들로 하여금 삶의 가치를 바꾸게 하는 일을 하였다는 점을 밝혔다.

(4) 해탈을 닦을 때의 일을 밝히다

復次善男子_야 我修解脫時_에 令諸衆生_{으로} 不 生非法貪_{하며} 不起邪分別_{하며} 不作諸罪業_{하고} 若 已作者_만 皆令止息_{하며}

"다시 또 선남자여, 제가 해탈을 닦을 때에는 모든 중생들로 하여금 법답지 못한 탐욕을 내지 않게 하고, 삿된 분별을 일으키지 않게 하며, 여러 가지 죄를 짓지 않게 하고, 만약 이미 지은 것은 모두 그치게 하였습니다."

흔히 법답다 법답지 못하다 하는 말을 얼마나 많이 하는가. 큰 허물이 아니더라도 법답지 못한 행위들은 얼마든지 있다. 삿된 분별이란 인과의 법칙을 어긴 것을 말한다. 어떤 행동, 어떤 말, 어떤 생각이든 그것이 인과의 법칙에 맞는지 맞지 않는지 가려서 한다면 삿되지도 않고 죄업도 되지 않는다.

若未生善法하며 未修波羅蜜行하며 未求一切智하며 未起大慈悲하며 未造人天業이어든 皆令其

생 약이생자 영기증장 아여여시순도
生하고 若已生者란 令其增長하야 我與如是順道

인연 내지영성일체지지
因緣하야 乃至令成一切智智케호라

"만약 착한 법을 내지 못하였거나, 바라밀다의 행을 닦지 못하였거나, 일체 지혜를 구하지 못하였거나, 큰 자비심을 일으키지 못하였거나, 인간과 천상에 태어날 업을 짓지 못하였으면 모두 하게 하고, 만약 이미 한 것은 더욱 증장하게 합니다. 저는 이와 같이 도리에 수순하는 인연을 주기도 하고 내지 일체 지혜의 지혜를 이루게 하였습니다."

보덕정광주야신 선지식이 해탈을 닦을 때의 일을 하나하나 밝혔다. 법답지 못한 탐욕은 내지 않게 하고, 삿된 분별은 일으키지 않게 하며, 여러 가지 죄를 짓지 않게 하였으며, 착한 법을 내지 못하였거나 바라밀다의 행을 닦지 못한 이들은 모두 마땅함을 따라서 교화하였다.

3) 자기는 겸손하고 다른 이의 수승함을 추천하다

善男子_야 我唯得此菩薩寂靜禪定樂普遊步
解脫門_{이어니와} 如諸菩薩摩訶薩_은 具足普賢所有
行願_{하야} 了達一切無邊法界_{하며} 常能增長一切
善根_{하며}

"선남자여, 저는 다만 이 보살의 고요한 선정의 낙으로 두루 다니는 해탈문을 얻었거니와 다른 모든 보살마하살은 보현보살에게 있는 행과 원을 구족하고, 모든 그지없는 법계를 통달하며, 항상 모든 착한 뿌리를 증장하고,

照見一切如來智力_{하며} 住於一切如來境界_{하며}

恒處生死_{호대} 心無障礙_{하며} 疾能滿足一切智願_{하며}

普能往詣一切世界_{하며} 悉能觀見一切諸佛_{하며}

 모든 여래의 지혜의 힘을 비추어 보며, 모든 여래의 경계에 머물러서, 항상 생사 중에 있으면서도 장애가 없고, 일체 지혜와 원을 빨리 만족하며, 모든 세계에 널리 나아가 일체 모든 부처님을 두루 친견하며,

徧能聽受一切佛法_{하며} 能破一切衆生癡暗_{하며}

能於生死大夜之中_에 出生一切智慧光明_{하나니} 而

我云何能知能說彼功德行_{이리오}

 모든 부처님의 법을 다 듣고, 모든 중생의 어리석음을 능히 깨뜨리며, 나고 죽는 큰 밤중에 일체 지혜의 광명을 출생합니다. 그러나 제가 어떻게 그 공덕의 행을 능히 알며 능히 말할 수 있겠습니까."

4) 다음 선지식 찾기를 권유하다

善男子아 去此不遠한 於菩提場右邊에 有一夜
神하니 名喜目觀察衆生이니 汝詣彼問호대 菩薩云
何學菩薩行이며 修菩薩道리잇고하라

"선남자여, 여기서 가서 멀지 않은 보리도량의 오른쪽에 한 주야신이 있으니 이름이 희목관찰중생喜目觀察衆生입니다. 그대는 그에게 가서 '보살이 어떻게 보살의 행을 배우며 보살의 도를 닦습니까?'라고 물으십시오."

5) 보덕정광주야신이 해탈의 뜻을 게송으로 거듭 펴다

(1) 법의 내용을 설하다

爾時에 普德淨光夜神이 欲重宣此解脫義하사

위선재동자   이설송왈
爲善財童子하야 **而說頌曰**

 그때에 보덕정광주야신이 이 해탈의 뜻을 다시 펴려고 선재동자를 위하여 게송으로 말하였습니다.

약유신해심   진견삼세불
若有信解心이면   **盡見三世佛**하리니

피인안청정   능입제불해
彼人眼淸淨하야   **能入諸佛海**니라

만약 믿고 이해하는 마음이 있으면
세 세상 부처님을 모두 보리니
그 사람 눈은 청정해서
능히 모든 부처님의 바다에 들어가리라.

여관제불신   청정상장엄
汝觀諸佛身하라   **淸淨相莊嚴**하야

일념신통력   법계실충만
一念神通力으로   **法界悉充滿**이로다

그대는 모든 부처님의 몸을 보라.

청정한 모습으로 장엄하시고

잠깐 동안에 신통한 힘으로

법계에 가득하도다.

노사나여래 도량성정각
盧舍那如來가 **道場成正覺**하사

일체법계중 전어정법륜
一切法界中에 **轉於淨法輪**이로다

노사나 여래께서

도량에서 바른 깨달음 이루시고

모든 법계 가운데서

청정한 법륜을 굴리시도다.

여래지법성 적멸무유이
如來知法性이 **寂滅無有二**나

청정상엄신 변시제세간
淸淨相嚴身으로 **徧示諸世間**이로다

여래는 법의 성품이

고요하여 둘이 없음을 아시나

청정한 모습으로 장엄한 몸을

모든 세간에 두루 보이시도다.

불신부사의　　　　　　법계실충만
佛身不思議라　　　　　**法界悉充滿**하사

보현일체찰　　　　　　일체무불견
普現一切刹하시니　　　**一切無不見**이니라

부처님의 몸 부사의하여

법계에 충만하시며

모든 세계에 널리 나타나시어

일체 중생이 다 보도다.

불신상광명　　　　　　일체찰진등
佛身常光明이　　　　　**一切刹塵等**하시니

종종청정색　　　　　　연년변법계
種種淸淨色이　　　　　**念念徧法界**로다

부처님의 몸은 항상 광명을 놓아

모든 세계의 미진수 같으시니

가지각색 청정한 빛이

염념이 법계에 두루 하도다.

여래일모공
如來一毛孔에

방부사의광
放不思議光하사

보조제군생
普照諸群生하야

영기번뇌멸
令其煩惱滅이로다

여래의 한 모공으로

부사의한 광명을 놓아

여러 중생에게 널리 비추어

그들의 번뇌를 소멸하게 하도다.

여래일모공
如來一毛孔에

출생무진화
出生無盡化하사

충변어법계
充徧於法界하야

제멸중생고
除滅衆生苦로다

여래의 한 모공으로

끝이 없는 화신을 출생하사

법계에 가득하시어

중생들의 괴로움을 소멸하도다.

불연일묘음
佛演一妙音_{하사}

수류개영해
隨類皆令解_{하사대}

보우광대법
普雨廣大法_{하야}

사발보리의
使發菩提意_{로다}

부처님이 하나의 묘한 음성을 내어

종류를 따라 다 알게 하시고

광대한 법을 널리 비처럼 내려서

보리심을 발하게 하도다.

불석수제행
佛昔修諸行_에

이증섭수아
已曾攝受我_{일새}

고득견여래
故得見如來_가

보현일체찰
普現一切刹_{이로다}

부처님이 옛날 여러 가지를 수행하실 때
이미 저를 거두어 주셨으므로
그러므로 오늘날 여래께서
모든 세계에 널리 나타나심을 보도다.

(2) 자기는 겸손하고 다른 이의 수승함을 추천하다

_{제 불 출 세 간}
諸佛出世間에

_{양 등 중 생 수}
量等衆生數라

_{종 종 해 탈 경}
種種解脫境이여

_{비 아 소 능 지}
非我所能知로다

여러 부처님이 세간에 나심이
중생의 수효와 같으며
가지가지의 해탈한 경계를
저로서는 알 수 없도다.

_{일 체 제 보 살}
一切諸菩薩이

_{입 불 일 모 공}
入佛一毛孔이니

여 시 묘 해 탈   비 아 소 능 지
如是妙解脫이어 **非我所能知**로다

일체 모든 보살들이

부처님의 한 모공에 들어가나니

이와 같은 미묘한 해탈을

저로서는 알 수 없도다.

(3) 게송으로 다음 선지식 찾기를 권유하다

차 근 유 야 신   명 희 목 관 찰
此近有夜神하니 **名喜目觀察**이니

여 응 왕 예 피   문 수 보 살 행
汝應往詣彼하야 **問修菩薩行**이어다

이 근처에 주야신이 있어

이름은 희목관찰喜目觀察이라

그대는 그에게 나아가서

보살행 닦는 것을 물을지어다.

時㈏에 善財童子㈎가 頂禮其足㉭하며 繞無數帀㉭하며 殷勤瞻仰㉭하고 辭退而去㉭하니라

그때에 선재동자는 그의 발에 엎드려 절하고 수없이 돌고 은근하게 앙모하면서 하직하고 물러갔습니다.

문수지남도 제34, 선재동자가 희목관찰중생주야신을 친견하다.

34. 희목관찰중생주야신
喜目觀察衆生主夜神
제3 발광지發光地 선지식

1) 희목관찰중생주야신을 뵙고 법을 묻다

(1) 가르침에 의지하여 선지식을 찾다

爾_時에 善財童子_가 敬善知識教_{하며} 行善知識
語_{하야} 作如是念_{호대}

그때에 선재동자는 선지식의 가르침을 공경하고 선지식의 말씀을 실행하면서 이와 같이 생각하였습니다.

善知識者_는 難見難遇_니 見善知識_에 令心不散

亂하며 見善知識에 破障礙山하며 見善知識에 入大
悲海하야 救護衆生하며 見善知識에 得智慧光하야
普照法界하며 見善知識에 悉能修行一切智道하며
見善知識에 普能覩見十方佛海하며 見善知識에
得見諸佛의 轉於法輪하고 憶持不忘이라하야 作是
念已하고 發意欲詣喜目觀察衆生夜神所하니라

'선지식은 친견하기 어렵고 만나기 어려우니, 선지식을 친견하면 마음이 산란하지 아니하고, 선지식을 친견하면 장애의 산을 깨뜨리고, 선지식을 친견하면 크게 가엾이 여기는 바다에 들어가서 중생을 구호하고, 선지식을 친견하면 지혜의 광명을 얻어서 법계를 널리 비추고, 선지식을 친견하면 일체 지혜의 길을 다 능히 수행하고, 선지식을 친견하면 시방의 부처님 바다를 두루 보고, 선지식을 친견하면 모든 부처님이 법륜 굴리는 것을 보고 기억하여 잊지 아니하리라.'라고 하여 이와 같이 생각하고는 뜻을 발하여 희목관찰중생주야신에게 가려고 하였습니다.

선재동자는 새삼 선지식은 참으로 친견하기 어렵다는 생각을 하면서 진정한 선지식을 친견하면 여러 가지 이익이 있음을 살펴보았다. 벌써 서른네 분의 선지식을 친견하게 되었으므로 자칫 소홀하게 생각하고 쉽게 생각할 수 있으므로 언제나 존중하고 소중하게 생각하려는 마음이다. 화엄경이라는 신지식이 비록 곳곳에 널려 있다 하더라도 인연이 닿지 않으면 한 구절도 읽지 못한다. 그러므로 화엄경 읽는 일을 큰 선지식을 친견하는 일이라 여겨 한 구절 한 구절 크게 존중하고 소중하게 여겨야 할 것이다.

(2) 선지식을 만나서 가피를 얻다

時_에 喜目神_이 加善財童子_{하사} 令知親近善知

識_에 能生諸善根_{하야} 增長成熟_{케하시니}

이때에 희목관찰중생신이 선재동자에게 가피를 내려 선지식을 친근하면 능히 모든 착한 뿌리를 내어 증장하고 성숙하게 함을 알게 하였습니다.

선재동자가 선지식에 대해서 찾기도 어렵고 친근하기도 어렵기 때문에 크게 존중하고 소중하게 여겨야 할 것이라고 생각하니 희목관찰중생주야신 선지식이 곧바로 선재동자에게 가피를 내려 선지식을 친근하면 능히 모든 착한 뿌리를 내어 증장하고 성숙하게 함을 알게 하였다.

所謂令知親近善知識_에 能修助道具_{하며} 令知親近善知識_에 能起勇猛心_{하며} 令知親近善知識_에 能作難壞業_{하며}

이른바 선지식을 친근하면 능히 도를 도와주는 도구 닦음을 알게 하고, 선지식을 친근하면 능히 용맹한 마음 일으킴을 알게 하고, 선지식을 친근하면 능히 깨뜨릴 수 없는 업 지음을 알게 하였습니다.

令知親近善知識에 能得難伏力하며 令知親近善知識에 能入無邊方하며 令知親近善知識에 能久遠修行하며 令知親近善知識에 能辦無邊業하며

선지식을 친근하면 능히 굴복할 수 없는 힘 얻음을 알게 하고, 선지식을 친근하면 능히 그지없는 방위에 들어감을 알게 하고, 선지식을 친근하면 능히 오래도록 수행함을 알게 하고, 선지식을 친근하면 능히 그지없는 업을 마련함을 알게 하였습니다.

令知親近善知識에 能行無量道하며 令知親近善知識에 能得速疾力하야 普詣諸刹하며 令知親近善知識에 能不離本處하고 偏至十方이러라

선지식을 친근하면 능히 한량없는 도를 행함을 알게 하고, 선지식을 친근하면 능히 빠른 힘을 얻어 여러 세계에 널리 나아감을 알게 하고, 선지식을 친근하면 능히 본래의 곳을 떠나지 않고 시방세계에 두루 이름을 알게 하였습니다.

희목관찰중생주야신 선지식이 선재동자에게 곧바로 가피를 내려 선지식을 친근하면 온갖 공덕과 소득이 있음을 낱낱이 열거하여 밝혔다.

(3) 선지식을 친근한 공덕을 생각하다

時에 善財童子가 遽發是念호대 由親近善知識

하야 能勇猛勤修一切智道_{하며} 由親近善知識_{하야}
能速疾出生諸大願海_{하며}

이때에 선재동자가 이러한 생각을 내었습니다. '선지식을 친근함으로써 능히 일체 지혜의 도를 용맹하게 닦고, 선지식을 친근함으로써 능히 모든 큰 서원 바다를 빨리 내게 되고,

由親近善知識_{하야} 能爲一切衆生_{하야} 盡未來劫_{토록} 受無邊苦_며 由親近善知識_{하야} 能被大精進甲_{하고} 於一微塵中說法_에 聲徧法界_며

선지식을 친근함으로써 능히 모든 중생을 위해서는 오는 세월이 끝나도록 그지없는 고통을 받을 수 있고, 선지식을 친근함으로써 능히 크게 정진하는 갑옷을 입고 한 미진 속에서 법을 설하는 소리가 법계에 두루 하고,

유친근선지식   능속왕예일체방해   유친
由親近善知識하야 能速往詣一切方海며 由親

근선지식   어일모도   진미래겁   수보살
近善知識하야 於一毛道에 盡未來劫토록 修菩薩

행
行이며

　선지식을 친근함으로써 능히 모든 방위의 바다에 빨리 가게 되고, 선지식을 친근함으로써 한 터럭만 한 곳에서 오는 세월이 다하도록 보살의 행을 닦고,

　　유친근선지식   어염념중   행보살행   구
由親近善知識하야 於念念中에 行菩薩行하야 究

경안주일체지지   유친근선지식   능입삼세
竟安住一切智地며 由親近善知識하야 能入三世

일체여래자재신력제장엄도
一切如來自在神力諸莊嚴道며

　선지식을 친근함으로써 염념이 보살의 행을 행하여 끝까지 일체 지혜의 지위에 머물게 되고, 선지식을 친근함으로써 능히 세 세상 모든 여래의 자재한 신통의

힘으로 모든 장엄한 길에 들어가고,

由親近善知識하야 **能常徧入諸法界門**이며 **由親近善知識**하야 **常緣法界**호대 **未曾動出**하고 **而能徧往十方國土**라하니라

선지식을 친근함으로써 능히 모든 법계의 문에 항상 들어가게 되고, 선지식을 친근함으로써 항상 법계에 반연하여 조금도 동하지 아니하고 능히 시방국토에 두루 가게 되리라.'라고 하였습니다.

선재동자가 선지식을 친견함을 말미암아 얻게 되는 공덕과 이익을 정리하여 생각한 것을 밝혔다. 이와 같이 선지식을 친견하면 이루지 못할 불법이 없다. 그러므로 모든 불법을 성취하는 근본은 선지식을 친견함으로부터 시작한다. 불법뿐이겠는가. 모든 인생사와 세상사가 마찬가지다. 그가

누구든 가르쳐 주는 사람, 즉 스승을 만나면서부터 비로소 무엇인가에 눈을 뜨고 무엇인가를 알게 된다. 그것이 선지식의 역할이다.

2) 희목관찰중생주야신이 법을 설하다

(1) 모공에서 한량없는 몸의 구름을 내어 법을 설하다

爾時_에 善財童子_가 發是念已_{하고} 卽詣喜目觀察衆生夜神所_{하야} 見彼夜神_이 在於如來衆會道場_{하야} 坐蓮華藏獅子之座_{하사} 入大勢力普喜幢解脫_{하사}

그때에 선재동자가 이렇게 생각하고 나서 곧 희목관찰중생야신에게 나아가니 그 신은 여래의 대중이 모인 도량에 있으면서 연화장 사자좌에 앉아 큰 세력으로 널

리 기쁘게 하는 당기 해탈에 들어갔습니다.

어기신상일일모공　출무량종변화신운
於其身上一一一毛孔에 **出無量種變化身雲**하사

수기소응　이묘언음　이위설법　보섭무
隨其所應하야 **以妙言音**으로 **而爲說法**하사 **普攝無**

량일체중생　개령환희　이득이익
量一切衆生하사 **皆令歡喜**하야 **而得利益**하니라

그 몸에 있는 낱낱 모공마다 한량없는 변화한 몸의 구름을 내어 그들에게 알맞은 묘한 음성으로 법을 설하여 한량없는 일체 중생을 두루 거두어 주어 모두 환희하여 이익을 얻게 하였습니다.

희목관찰중생주야신 선지식은 낱낱 모공에서 한량없는 변화한 몸의 구름을 나타내어 법을 설하였다. 선지식들이 법을 설할 때 늘 한결같은 방법으로 설하지는 않는다. 묵묵히 있음으로 법을 설하기도 하고, 그냥 몸의 모습을 보임으로 법을 설하기도 하고, 언어를 이용하여 법을 설하기도 하

고, 혹은 손가락을 들어 보여 법을 설하기도 하고, 혹은 꽃을 들어 보여 법을 설하기도 하고, 혹은 고함을 지르고 혹은 몽둥이를 휘둘러 법을 설하기도 한다. 그러나 이 사바세계에서는 음성을 이용하여 법을 설하는 것이 교화의 본체[音聲敎體]라고 하였다. 그러므로 이 주야신 선지식은 비록 낱낱 모공에서 나온 변화한 몸의 구름이지만 아름다운 음성으로 법을 설한다.

(2) 보시布施바라밀

所謂出無量化身雲하사 充滿十方一切世界하사
소위출무량화신운 충만시방일체세계

說諸菩薩이 行檀波羅蜜하야 於一切事에 皆無戀
설제보살 행단바라밀 어일체사 개무연

着하며 於一切衆生에 普皆施與호대 其心平等하야
착 어일체중생 보개시여 기심평등

無有輕慢하고 內外悉施하야 難捨能捨하시니라
무유경만 내외실시 난사능사

이른바 한량없는 변화한 몸의 구름을 내어 시방의

일체 세계에 가득하여서 모든 보살들이 보시바라밀다 행하는 일을 설하여 모든 일에 미련이 하나도 없고 일체 중생에게 두루 베풀어 주며, 그 마음이 평등하여 교만이 없고 안팎의 것을 모두 다 베풀되 버리기 어려운 것을 능히 버리게 하였습니다.

    대승보살의 실천 덕목으로서 흔히 육바라밀을 설하지만 화엄경에서는 십바라밀을 설하기도 한다. 불교에서는 그 어떤 덕목보다 우선하는 것이 보시다. 베푸는 일이다. 그러므로 수많은 수행법 중에 이 보시라는 수행법 하나만 잘 연구하여 실천한다 하더라도 9할은 성공한 것이 된다. 다시 말하면 불교는 보시다. 베풀고 나누고 배려하는 일이다. 희목관찰중생주야신 선지식은 낱낱 모공에서 한량없는 변화한 몸의 구름을 나타내어 나누고 베푸는 보시행을 설한다. 긴 설명은 아니지만 보시에 대한 기본 정신을 갖추어 설하였다.

(3) 지계持戒바라밀

又出等衆生數無量化身雲_{하사} 充滿法界_{하야}

普現一切衆生之前_{하사} 說持淨戒_{하야} 無有缺犯

_{하며} 修諸苦行_{하야} 皆悉具足_{하며}

또한 중생의 수효와 같이 한량없는 변화한 몸의 구름을 내어 법계에 가득하게 하여 모든 중생들 앞에 널리 나타나서 청정하게 계율 지킴을 설하며, 범하지 아니하고 여러 가지 고행을 닦아 다 구족하게 합니다.

於諸世間_에 無有所依_{하고} 於諸境界_에 無所愛着_{하며} 說在生死_{하야} 輪迴往返_{하며} 說諸人天_의 盛衰苦樂_{하며}

모든 세간에 의지하지 않고 모든 경계에 애착이 없

으며, 생사하는 데 있어서 윤회하여 오고 감을 말하며, 모든 인간과 천상의 성盛하고 쇠衰하고 괴롭고 즐거움을 설합니다.

說諸境界가 皆是不淨하며 說一切法이 皆是無常하며 說一切行이 悉苦無味하사 令諸世間으로 捨離顚倒히고 住諸佛境하야 持如來戒하야 如是演說 種種戒行하사 戒香普熏하야 令諸衆生으로 悉得成熟케하니라

모든 경계가 다 부정하다고 말하며, 모든 법이 다 무상하다고 말하며, 모든 변천하는 것[行]이 다 괴롭고 맛이 없다고 말하여, 모든 세간 사람들로 하여금 뒤바뀐 것을 버리고 모든 부처님의 경지에 있어서 여래의 계율을 지니게 하여, 이와 같이 여러 가지 계율을 말하여 계

율의 향기가 널리 풍기어 모든 중생을 다 성숙하게 합니다.

희목관찰중생주야신 선지식은 낱낱 모공에서 한량없는 변화한 몸의 구름을 나타내어 십바라밀 가운데 두 번째 지계바라밀을 설하였다. 모든 세상 경계는 부정한 것이며 무상한 것이며 변하는 것은 고통스러운 것이기에 전도된 생각을 버리도록 설한다.

(4) 인욕忍辱바라밀

又出等衆生數種種身雲하사 說能忍受一切衆苦하시니 所謂割截捶楚하며 訶罵欺辱이라도 其心泰然하야 不動不亂하며

또한 중생의 수효와 같은 갖가지 몸의 구름을 내어 일체 모든 고통을 참고 받아들이기를 말하나니, 이른바

베고 오리고 때리고 꾸짖고 업신여기고 욕하여도 그 마음이 태연하여 흔들리지 않으며 어지럽지도 않습니다.

於一切行에 **不卑不高**하며 **於諸衆生**에 **不起我慢**하며 **於諸法性**에 **安住忍受**하며

여러 가지 행에 낮지도 높지도 않고 모든 중생에게 교만한 마음을 내지 않으며, 모든 법의 성품에 편안히 머물러서 참고 받아들입니다.

說菩提心이 **無有窮盡**이니 **心無盡故**로 **智亦無盡**하야 **普斷一切衆生煩惱**하며

보리심을 말하되 다함이 없나니, 마음이 다하지 않으므로 지혜도 또한 다하지 않아 모든 중생의 번뇌를 널리 끊습니다.

說諸衆生의 卑賤醜陋不具足身하사 令生厭離하고 讚諸如來의 淸淨妙色無上之身하사 令生欣樂하야 如是方便으로 成熟衆生하니라

모든 중생들의 미천하고 누추하고 완전하지 못한 몸을 말하여 싫어하여 떠나게 하고, 모든 여래의 청정하고 미묘하고 위없는 몸을 찬탄하여 즐거움을 내게 하나니, 이와 같은 방편으로 중생들을 성숙하게 합니다.

또 희목관찰중생주야신 선지식은 낱낱 모공에서 한량없는 변화한 몸의 구름을 나타내어 십바라밀 가운데 세 번째 인욕바라밀을 설하였다. 인욕이란 욕된 일을 참는 것이다. 즉 모든 고통을 참고 받아들이는 것인데, 이른바 베고 오리고 때리고 꾸짖고 업신여기고 욕하여도 그 마음이 태연하여 흔들리지도 않는 것이다. 모든 중생들의 미천하고 누추하고 완전하지 못한 몸은 욕된 일을 참지 못하고 같이 화를 내며 싸움질을 한 결과이다. 반대로 모든 여래의 청정하고 미묘

하고 위없는 몸은 욕된 일을 잘 참아서 부드러운 마음으로 사람들을 편안하게 대해 준 결과이다.

(5) 정진精進바라밀

又出等衆生界種種身雲하사 隨諸衆生心之所樂하야 說勇猛精進으로 修一切智助道之法하며

또한 중생세계와 같은 갖가지 몸의 구름을 내어 모든 중생들의 좋아함을 따라서 용맹하게 정진하여 일체 지혜로 도를 도와주는 법을 닦기를 설합니다.

勇猛精進으로 降伏魔冤하며 勇猛精進으로 發菩提心하야 不動不退하며

용맹하게 정진하여 마魔와 원수를 항복받기를 설하

며, 용맹하게 정진하여 보리심을 발하여 흔들리지 않고 물러나지 않기를 설합니다.

勇猛精進_{으로} 度一切衆生_{하야} 出生死海_{하며} 勇猛精進_{으로} 除滅一切惡道諸難_{하며}

용맹하게 정진하여 모든 중생을 제도하여 생사의 바다에서 벗어나기를 설하며, 용맹하게 정진하여 모든 나쁜 길의 험난함을 소멸하기를 설합니다.

勇猛精進_{으로} 壞無智山_{하며} 勇猛精進_{으로} 供養一切諸佛如來_{하야} 不生疲厭_{하며}

용맹하게 정진하여 무지한 산을 깨뜨리기를 설하며, 용맹하게 정진하여 모든 부처님 여래에게 공양하되 고달프다는 생각을 내지 않기를 설합니다.

勇猛精進으로 **受持一切諸佛法輪**하며 **勇猛精進**으로 **壞散一切諸障礙山**하며

용맹하게 정진하여 일체 모든 부처님 법륜을 받아 지니기를 설하며, 용맹하게 정진하여 일체 모든 장애의 산을 무너뜨리기를 설합니다.

勇猛精進으로 **敎化成熟一切衆生**하며 **勇猛精進**으로 **嚴淨一切諸佛國土**하사 **如是方便**으로 **成熟衆生**하니라

용맹하게 정진하여 모든 중생을 교화하여 성숙하게 하기를 설하며, 용맹하게 정진하여 일체 모든 부처님의 국토를 깨끗하게 장엄하기를 설하나니, 이와 같은 방편으로 중생을 성숙하게 합니다.

또 희목관찰중생주야신 선지식은 낱낱 모공에서 한량없는 변화한 몸의 구름을 나타내어 십바라밀 가운데 네 번째 정진바라밀을 설하였다. 요즘의 한국불교에는 보통정진과 가행정진과 용맹정진이 있다. 용맹정진이란 식사하는 시간을 제외하고 나머지 시간을 모두 정진하는 시간으로 삼는 것이다. 그러나 용맹하게 정진하여 무엇을 어떻게 하였다는 말은 없다. 용맹하게 정진하는 것은 일체 중생을 교화하고 성숙하게 하며 세상을 아름답게 장엄하는 일이다.

(6) 선정禪定바라밀

又出種種無量身雲하사 以種種方便으로 令諸
衆生으로 心生歡喜하야 捨離惡意하고 厭一切欲하며

또한 갖가지 한량없는 몸의 구름을 내어 여러 가지 방편으로 모든 중생들의 마음을 기쁘게 하여 나쁜 뜻을 버리고 모든 욕망을 싫어하게 합니다.

위설참괴 영제중생 장호제근 위설
爲說慚愧하야 令諸衆生으로 藏護諸根하며 爲說

무상청정범행 위설욕계 시마경계 영생
無上淸淨梵行하며 爲說欲界가 是魔境界하사 令生

공포
恐怖하며

부끄러움을 말하여 모든 중생들로 하여금 모든 감관을 숨겨 보호하게 하며, 위없이 청정한 범행을 말하고, 욕심세계는 마의 경계라고 말하여 두려움을 내게 합니다.

위현불락세간욕락 주어법락 수기차
爲現不樂世間欲樂하고 住於法樂하사 隨其次

제 입제선정제삼매락 영사유관찰 제
第하야 入諸禪定諸三昧樂하사 令思惟觀察하야 除

멸일체소유번뇌
滅一切所有煩惱하며

세상의 욕락을 좋아하지 말라고 하여 법의 즐거움에 머물되 그 차례를 따라 모든 선정과 모든 삼매의 낙에 들어가게 하며, 그들로 하여금 생각하고 관찰하여 모든 번뇌를 멸하게 합니다.

又爲演說一切菩薩의 諸三昧海와 神力變現과
自在遊戱하사 令諸衆生으로 歡喜適悅하야 離諸憂怖하며 其心淸淨하야 諸根猛利하며 愛重於法하야 修習增長케하니라

 또 일체 보살의 모든 삼매 바다와 신통한 힘으로 변화하여 나타나서 자유자재하게 유희함을 연설하여 모든 중생들로 하여금 환희하고 기뻐서 모든 근심을 여의고 그 마음이 깨끗하며 모든 근根이 용맹하여 법을 소중하게 여기어 닦아서 증장하게 합니다.

 다음은 갖가지 한량없는 몸의 구름을 내어 선정바라밀을 설하였다. 선정은 삼매와 사유와 관찰로써 일체 번뇌를 소멸한다.

(7) 반야般若바라밀

又出等衆生界種種身雲_{하사} 爲說往詣十方國土_{하야} 供養諸佛_과 及以師長_과 眞善知識_{하고} 受持一切諸佛法輪_{하야} 精勤不懈_{하며}

또한 중생세계와 같은 갖가지 몸의 구름을 내어 그들을 위하여 시방 국토에 나아가서 모든 부처님과 스승과 참다운 선지식에게 공양하고, 일체 모든 부처님의 법륜을 받아 지니되 부지런히 정진하고 게으르지 않기를 설합니다.

又爲演說稱讚一切諸如來海_와 觀察一切諸法門海_와 顯示一切諸法性相_{하며} 開闡一切諸三昧門_과 開智慧境界_{하야} 竭一切衆生疑海_와 示智

慧金剛_{하야} 壞一切衆生見山_과 昇智慧日輪_{하야}
破一切衆生癡暗_{하사} 皆令歡喜_{하야} 成一切智_{케하니라}

 또 일체 모든 여래의 바다를 찬탄하고 일체 모든 법문 바다를 관찰하기를 연설하여 일체 모든 법의 성품과 모양을 나타내 보이며, 일체 모든 삼매의 문을 열며, 지혜의 경계를 열고, 일체 중생의 의심 바다를 말리며, 지혜의 금강을 보여 일체 중생의 소견의 산을 깨뜨리며, 지혜의 해가 떠서 일체 중생들의 어리석은 어두움을 파괴하여 그들로 하여금 환희하여 일체 지혜를 이루게 합니다.

 육바라밀과 십바라밀을 설명할 때에 서로 비슷하기 때문에 약간의 혼란이 생기는 부분이 반야와 지혜이다. 혹은 반야라고도 하고 혹은 지혜라고도 한다. 사전적인 해석을 인용하여 참고하면 다음과 같다.

 반야_{般若}바라밀은 범어로 Prajñāpāramitā이다. 구족하게는 반야바라밀나_{般若波羅蜜多}라 음억한다. 시도_{智度}·도피

안到彼岸이라 번역한다. 육바라밀의 하나이다. 반야는 실상實相을 비춰 보는 지혜로서 나고 죽는 이 언덕을 건너 열반의 저 언덕에 이르는 배나 뗏목과 같으므로 바라밀다라 한다.

또 십바라밀十波羅蜜에서 바라밀은 도度・도피안到彼岸이라 번역한다. 보살은 이를 수행하여 중생을 제도하여 생사의 미혹한 바다를 벗어나고 열반의 언덕에 이르게 한다. ① 단나바라밀檀那波羅蜜: 布施 ② 시라바라밀尸羅波羅蜜: 持戒 ③ 찬제바라밀羼提波羅蜜: 忍辱 ④ 비리야바라밀毘梨耶波羅蜜: 精進 ⑤ 선나바라밀禪那波羅蜜: 禪定 ⑥ 반야바라밀般若波羅蜜: 智慧 ⑦ 오파야바라밀烏波野波羅蜜: 方便 ⑧ 바라니타나바라밀波羅尼陀那波羅蜜: 願 ⑨ 바라바라밀波羅波羅蜜: 力 ⑩ 야양낭바라밀惹孃曩波羅蜜: 智 이다.

지智는 범어로 Jñāna이며, 팔리어로는 Ñāṇa이다. 사나闍那・야나若那라 음역한다. 결단決斷하는 뜻이다. 앎과 지식이다. 모든 사상事象과 도리에 대하여 그 옳고 그름을 분별 판단하는 마음의 작용이다. 지는 혜慧의 여러 작용 가운데 하나이나, 지혜知慧라 붙여서 쓴다. 불교에서는 오계悟界의 진인眞因은 지를 얻는 데 있다 하고, 불과佛果에 이르러서도 지를 주덕主德으로 한다.

혜慧는 범어로 Prajñā이다. 반야般若라 음역한다. 사물의 이치를 추리하는 정신작용이다. 심소心所의 한 이름이다. 우주 간의 일체 만법을 『구사론』에서는 75, 『유식론』에서는 100으로 분류하며, 『구사론』에서는 혜慧라는 심소를 대지법大地法의 하나로 하여 모든 심식心識에 따라서 일어난다 하고, 유식종에서는 어리석고 우매한 마음에는 이 심소가 없다 하며, 바깥 경계에 대하여 사邪·정正과 득·실을 판단하여 좋은 것은 취하고 나쁜 것은 버리는 작용이 있다고 한다.

(8) 방편方便바라밀

又出等衆生界種種身雲_{하사} 普詣一切衆生之前_{하사} 隨其所應_{하야} 以種種言辭_로 而爲說法_{하사대}

우 출 등 중 생 계 종 종 신 운 보 예 일 체 중 생 지 전 수 기 소 응 이 종 종 언 사 이 위 설 법

또한 중생의 세계와 같은 여러 가지 몸의 구름을 내어 모든 중생의 앞에 널리 나아가서 그들에게 알맞게 여러 가지 말로 법을 설합니다.

혹설 세간 신통 복력　　혹설 삼계　 개시 가포
或說世間神通福力하며 或說三界가 皆是可怖

영기부작세간업행　　이삼계처　　출견조
하사 令其不作世間業行하고 離三界處하야 出見稠

림
林하며

혹 세간의 신통과 복력을 말하고, 혹 세 세계가 모두 무서운 것이라 말하며, 그로 하여금 세간의 업을 짓지 않기를 말하여 세 세계를 여의고 소견의 숲에서 벗어나게 합니다.

혹 위 칭 찬 일 체 지 도　　영 기 초 월 이 승 지 지
或爲稱讚一切智道하사 令其超越二乘之地하며

혹위연설부주생사　　부주열반　　영기불착
或爲演說不住生死하고 不住涅槃하사 令其不着

유위무위
有爲無爲하며

혹 일체 지혜의 길을 칭찬하여 그들로 하여금 이승 二乘의 지위에서 뛰어나게 하며, 혹 생사에 머물지도 말

고 열반에 머물지도 않기를 말하여 함이 있는 데나 함이 없는 데 집착하지 않게 합니다.

或爲演說住於天宮과 乃至道場하사 令其欣樂
發菩提意하야 如是方便으로 敎化衆生하사 皆令究
竟得一切智케하니라

혹 천궁에 머물거나 내지 도량에 머물기를 말하여 그들로 하여금 보리심을 즐겨 내게 하나니, 이와 같은 방편으로 중생들을 교화하여 구경에 일체 지혜를 얻게 합니다.

방편바라밀은 보살이 방편으로 여러 형상을 나타내어 중생을 제도하는 일이다. 여기에는 앞의 육바라밀의 행行에 의하여 모은 선근을 중생들에게 돌려주어 저들과 함께 위없는 보리를 구하는 회향방편선교廻向方便善巧와 일체 중생을 제도

하는 발제방편선교拔濟方便善巧 두 가지가 있다.

(9) 서원誓願바라밀

又出一切世界微塵數身雲하사 普詣一切衆生
之前하사 念念中에 示普賢菩薩의 一切行願하며 念
念中에 示淸淨大願이 充滿法界하며

또한 일체 세계의 미진수 몸의 구름을 내어 모든 중생의 앞에 널리 나아가 잠깐잠깐마다 보현보살의 일체 행과 원을 보이며, 잠깐잠깐마다 청정한 큰 원이 법계에 가득함을 보입니다.

念念中에 示嚴淨一切世界海하며 念念中에 示
供養一切如來海하며 念念中에 示入一切法門海

하며 **念念中**에 **示入一切世界海微塵數世界海**하며
_{염념중}　_{시입일체세계해미진수세계해}

잠깐잠깐마다 모든 세계 바다를 깨끗이 장엄함을 보이며, 잠깐잠깐마다 모든 여래 바다에 공양함을 보이며, 잠깐잠깐마다 모든 법문 바다에 들어감을 보이며, 잠깐잠깐마다 모든 세계 바다의 미진수 세계 바다에 들어감을 보입니다.

念念中에 **示於一切刹**에 **盡未來劫**토록 **清淨修**
_{염념중}　_{시어일체찰}　_{진미래겁}　_{청정수}

行一切智道하며 **念念中**에 **示入如來力**하며 **念念中**에
_{행일체지도}　_{염념중}　_{시입여래력}　_{염념중}

示入一切三世方便海하며
_{시입일체삼세방편해}

잠깐잠깐마다 모든 세계에서 오는 세월이 끝나도록 일체 지혜의 도를 청정하게 수행함을 보이며, 잠깐잠깐마다 여래의 힘에 들어감을 보이며, 잠깐잠깐마다 모든 세 세상의 방편 바다에 들어감을 보입니다.

念念中에 示往一切刹하야 現種種神通變化하며

念念中에 示諸菩薩一切行願하사 令一切衆生으로

住一切智하야 如是所作이 恒無休息하니라

잠깐잠깐마다 모든 세계에 가서 갖가지 신통변화를 나타냄을 보이며, 잠깐잠깐마다 모든 보살의 일체 행과 원을 보여서 모든 중생으로 하여금 일체 지혜에 머물게 하여, 이와 같이 하는 일이 항상 쉬지 아니합니다.

또 희목관찰중생주야신 선지식은 낱낱 모공에서 한량없는 변화한 몸의 구름을 나타내어 십바라밀 가운데 여덟 번째 서원바라밀을 설하는데 순간순간 짧은 시간에 일체 중생들 앞에 모든 것을 다 나타내 보여 항상 쉬지 아니하였다.

(10) 역ヵ바라밀

又出等一切衆生心數身雲_{하사} 普詣一切衆生之前_{하사} 說諸菩薩의 集一切智助道之法에 無邊際力과

<small>우출등일체중생심수신운 보예일체중생지전 설제보살 집일체지조도지법 무변제력</small>

또한 모든 중생의 마음 수효와 같은 몸의 구름을 내어 모든 중생의 앞에 널리 나아가서 모든 보살들이 일체 지혜를 모으는 데 도를 도와주는 법에 그지없는 힘과,

求一切智에 不破壞力과 無窮盡力과 修無上行에 不退轉力과 無間斷力과 於生死法에 無染着力과

<small>구일체지 불파괴력 무궁진력 수무상행 불퇴전력 무간단력 어생사법 무염착력</small>

일체 지혜를 구하는 데 깨뜨릴 수 없는 힘과, 다하지 않는 힘과, 위없는 행을 닦아 물러나지 않는 힘과, 중간에 끊어지지 않는 힘과, 나고 죽는 법에 물들지 않는 힘과,

能破一切諸魔衆力과 遠離一切煩惱垢力과 能破一切業障山力과 住一切劫하야 修大悲行에 無疲倦力과

일체 모든 마의 군중을 깨뜨리는 힘과, 모든 번뇌의 때를 멀리 여의는 힘과, 모든 업장의 산을 깨뜨리는 힘과, 모든 겁에 있어서 크게 가엾이 여기는 행을 닦는 데 게으르지 않은 힘과,

震動一切諸佛國土하야 令一切衆生으로 生歡喜力과 能破一切諸外道力과 普於世間에 轉法輪力하사 以如是等方便成熟하야 令諸衆生으로 至一切智케하나니라

일체 모든 부처님의 국토를 진동시켜 모든 중생을 환희하게 하는 힘과, 일체 모든 외도를 깨뜨리는 힘과, 널리 세간에서 법륜을 굴리는 힘을 말하여, 이와 같은 방편으로 모든 중생을 성숙시켜 일체 지혜에 이르게 합니다.

힘의 바라밀이 어떤 힘을 말하는지를 낱낱이 설명하였다. 일체 중생의 마음 수효와 같은 몸의 구름을 내어 일체 중생들 앞에 널리 나아가서 온갖 방편으로 성숙하게 하고 끝내는 일체 지혜에 이르게 하는 힘이다.

(11) 지혜智慧바라밀

又出等一切眾生心數無量變化色身雲하사 普詣十方無量世界하사 隨眾生心하야 演說一切菩薩智行하시니

우 출 등 일 체 중 생 심 수 무 량 변 화 색 신 운 보
에 시 방 무 량 세 계 수 중 생 심 연 설 일 체 보
살 지 행

또한 모든 중생의 마음의 수효와 같은 한량없이 변화하는 몸의 구름을 내어 시방의 한량없는 세계에 널리 나아가서 중생의 마음을 따라 모든 보살의 지혜와 행을 연설합니다.

所謂說入一切衆生界海智하며 說入一切衆生心海智하며 說入一切衆生根海智하며 說入一切衆生行海智하며

이른바 일체 중생의 세계 바다에 들어가는 지혜를 설하며, 일체 중생의 마음 바다에 들어가는 지혜를 설하며, 일체 중생의 근성 바다에 들어가는 지혜를 설하며, 일체 중생의 수행 바다에 들어가는 지혜를 설합니다.

說度一切衆生에 未曾失時智하며 說出一切法

界音聲智하며 說念念徧一切法界海智하며 說念
念知一切世界海壞智하며

일체 중생을 제도하되 때를 놓치지 않는 지혜를 설하며, 모든 법계의 음성을 내는 지혜를 설하며, 잠깐잠깐마다 모든 법계 바다에 두루 하는 지혜를 설하며, 잠깐잠깐 동안 모든 세계 바다가 무너짐을 아는 지혜를 설합니다.

說念念知一切世界海成住莊嚴差別智하며 說
念念自在親近供養一切如來하야 聽受法輪智라
示現如是智波羅蜜하사 令諸衆生으로 皆大歡喜하야
調暢適悅하며

잠깐잠깐 동안 모든 세계 바다가 이루어지고 머물며

장엄이 차별함을 아는 지혜를 설하며, 잠깐잠깐 동안 일체 여래를 자재하게 친근하고 공양하며 법륜을 듣는 지혜를 설하여, 이와 같은 지혜바라밀을 나타내 보여 모든 중생을 크게 기쁘게 하며 조화롭고 즐겁게 합니다.

기심 청정　　생 결 정 해　　구 일 체 지　　무 유
其心淸淨하야 **生決定解**하며 **求一切智**하야 **無有**

퇴 전　　　여 설 보 살　　제 바라밀　　　성 숙 중 생
退轉케하시니 **如說菩薩**의 **諸波羅蜜**하사 **成熟衆生**하야

여 시 선 설 일 체 보 살　　종 종 행 법　　이 위 이 익
如是宣說一切菩薩의 **種種行法**하사 **而爲利益**하나니라

그 마음이 청정하여 결정한 이해를 내고, 일체 지혜를 구하여 물러남이 없게 하였습니다. 보살의 모든 바라밀을 설하여 중생을 성숙하게 하듯이, 이와 같이 모든 보살의 갖가지 수행하는 법을 설하여 이익하게 하였습니다.

희목관찰중생주야신 선지식은 낱낱 모공에서 한량없는 변화한 몸의 구름을 나타내어 이와 같이 십바라밀을 모두

설하여 마쳤다.

(12) 모공에서 한량없는 중생들의 몸의 구름을 내다

復於一一諸毛孔中에 **出無量種衆生身雲**하시니
부어일일제모공중 출무량종중생신운

所謂出興色究竟天과 **善現天**과 **善見天**과 **無熱天**
소위출흥색구경천 선현천 선견천 무열천

과 **無煩天相似身雲**하며
  무번천 상사신운

다시 또 낱낱 모든 모공 속에서 한량없는 종류의 중생의 몸의 구름을 내었으니 이른바 색구경천色究竟天과 선현천善現天과 선견천善見天과 무열천無熱天과 무번천無煩天과 비슷한 몸의 구름을 내었습니다.

다시 또 희목관찰중생주야신 선지식은 낱낱 모공에서 한량없는 종류의 중생들의 몸의 구름을 내었다. 색구경천에서부터 선현천과 선견천과 무열천과 무번천 등과 비슷한 몸의 구름을 내었다. 그 외에도 아래에 무수한 몸의 구름을 나타내었다.

    출소광   광과   복생   무운천 상사신운
出少廣과 **廣果**와 **福生**과 **無雲天相似身雲**하며

소광천少廣天과 광과천廣果天과 복생천福生天과 무운천無雲天과 비슷한 몸의 구름을 내고,

    출변정   무량정   소정천 상사신운
出徧淨과 **無量淨**과 **少淨天相似身雲**하며

변정천徧淨天과 무량정천無量淨天과 소정천少淨天과 비슷한 몸의 구름을 내고,

    출광음   무량광   소광천 상사신운
出光音과 **無量光**과 **少光天相似身雲**하며

광음천光音天과 무량광천無量光天과 소광천少光天과 비슷한 몸의 구름을 내고,

출 대 범　　 범 보　 범 중 천 상 사 신 운
出大梵과 **梵輔**와 **梵衆天相似身雲**하며

대범천大梵天과 범보천梵輔天과 범중천梵衆天과 비슷한 몸의 구름을 내고,

출 자 재 천　　화 락 천　　도 솔 타 천　　수 야 마 천
出自在天과 **化樂天**과 **兜率陀天**과 **須夜摩天**과

도 리 천　　급 기 채 녀 제 천 자 중　　상 사 신 운
忉利天과 **及其婇女諸天子衆**의 **相似身雲**하며

자재천自在天과 화락천化樂天과 도솔천兜率天과 수야마천須夜摩天과 도리천忉利天과 그들의 채녀와 모든 천자들과 비슷한 몸의 구름을 내었습니다.

출 제 두 뢰 타 건 달 바 왕　　건 달 바 자　　건 달 바 녀
出提頭賴吒乾闥婆王과 **乾闥婆子**와 **乾闥婆女**

상 사 신 운
의 **相似身雲**하며

제두뢰타건달바왕提頭賴吒乾闥婆王과 건달바의 아들과 건달바의 딸과 비슷한 몸의 구름을 내고,

출비루륵차구반다왕 구반다자 구반다
出毘樓勒叉鳩槃荼王과 鳩槃荼子와 鳩槃荼
녀 상사신운
女의 相似身雲하며

비루륵차구반다왕毘樓勒叉鳩槃荼王과 구반다의 아들과 구반다의 딸과 비슷한 몸의 구름을 내고,

출비루박차용왕 용자 용녀 상사신운
出毘樓博叉龍王과 龍子와 龍女의 相似身雲하며

비루박차용왕毘樓博叉龍王과 용의 아들과 용의 딸과 비슷한 몸의 구름을 내고,

출비사문야차왕 야차자 야차녀 상사신
出毘沙門夜叉王과 夜叉子와 夜叉女의 相似身

운
雲하며

비사문야차왕毘沙門夜叉王과 야차의 아들과 야차의 딸과 비슷한 몸의 구름을 내고,

출 대 수 긴 나 라 왕   선 혜 마 후 라 가 왕   대 속
出大樹緊那羅王과 **善慧摩睺羅伽王**과 **大速**
질 력 가 루 라 왕   라 후 아 수 라 왕   염 라 법 왕   급
疾力迦樓羅王과 **羅睺阿修羅王**과 **閻羅法王**과 **及**
기 자 기 녀   상 사 신 운
其子其女의 **相似身雲**하며

대수긴나라왕大樹緊那羅王과 선혜마후라가왕善慧摩睺羅伽王과 대속질력가루라왕大速疾力迦樓羅王과 라후아수라왕羅睺阿修羅王과 염라법왕閻羅法王과 그 아들과 그 딸과 비슷한 몸의 구름을 내었습니다.

출 제 인 왕   급 기 자 기 녀   상 사 신 운
出諸人王과 **及其子其女**의 **相似身雲**하며

모든 사람의 왕과 그 아들과 그 딸과 비슷한 몸의 구름을 내고,

_{출성문독각　　급제불중　　상사신운}
出聲聞獨覺과 **及諸佛衆**의 **相似身雲**하며

성문과 독각과 모든 부처님 대중과 비슷한 몸의 구름을 내었습니다.

_{출지신수신화신풍신하신해신산신수신　내}
出地神水神火神風神河神海神山神樹神과 **乃**

_{지주야주방신등　　상사신운　　주변시방　　충}
至晝夜主方神等의 **相似身雲**하사 **周徧十方**하며 **充**

_{만법계}
滿法界하시니라

땅 맡은 신과, 물 맡은 신과, 불 맡은 신과, 바람 맡은 신과, 강 맡은 신과, 바다 맡은 신과, 산 맡은 신과, 나무 맡은 신과, 내지 낮 맡은 신과, 밤 맡은 신과, 방위 맡은 신과 비슷한 몸의 구름을 내어, 시방에 두루 하

고 법계에 가득하였습니다.

 희목관찰중생주야신 선지식은 낱낱 모공에서 한량없는 종류의 중생들의 몸의 구름과 내지 성문과 독각과 모든 부처님 대중과 비슷한 몸의 구름을 내었음을 낱낱이 들었다.

(13) 법을 연설하는 가지가지 소리

於彼一切衆生之前에 **現種種聲**하시니 **所謂風輪聲**과 **水輪聲**과 **火焰聲**과 **海潮聲**과 **地震聲**과 **大山相擊聲**과 **天城震動聲**과 **摩尼相擊聲**과

 저 일체 중생들 앞에서 갖가지 소리를 나타내었으니, 이른바 바람둘레 소리와, 물둘레 소리와, 불꽃 소리와, 바다 조수 소리와, 땅이 진동하는 소리와, 큰 산이 서로 부딪치는 소리와, 하늘 성이 진동하는 소리와, 마

니구슬이 서로 부딪치는 소리와,

天王聲과 龍王聲과 夜叉王聲과 乾闥婆王聲과 阿修羅王聲과 迦樓羅王聲과 緊那羅王聲과 摩睺羅伽王聲과 人王聲과 梵王聲과 天女歌詠聲과 諸天音樂聲과 摩尼寶王聲이라

 천왕의 소리와, 용왕의 소리와, 야차왕의 소리와, 건달바왕의 소리와, 아수라왕의 소리와, 가루라왕의 소리와, 긴나라왕의 소리와, 마후라가왕의 소리와, 사람왕의 소리와, 범왕의 소리와, 천녀들의 노랫소리와, 모든 하늘음악 소리와, 마니보배왕의 소리였습니다.

 희목관찰중생주야신 선지식은 낱낱 모공에서 한량없는 종류의 중생들의 몸의 구름과 내지 성문과 독각과 모든 부처님 대중과 비슷한 몸의 구름을 내고는, 또한 그들에게 가

지가지 소리를 내어 법을 설하였다.

(14) 처음 발심할 때의 십바라밀 공덕

以如是等種種音聲으로 說喜目觀察衆生夜神의 從初發心所集功德하시니

이와 같은 가지가지 음성으로 희목관찰중생야신이 처음 발심한 적부터 모은 공덕을 설하였습니다.

所謂承事一切諸善知識하고 親近諸佛하야 修行善法호대

이른바 일체 모든 선지식을 받들어 섬기며, 모든 부처님을 친근하여 착한 법을 수행하였습니다.

희목관찰중생주야신은 온갖 몸의 구름을 내어 가지가지

음성으로 처음 발심한 적부터 모은 공덕의 내용을 설하였다. 처음 발심한 적부터 모은 공덕이란 일체 모든 선지식을 받들어 섬기며 모든 부처님을 친근하여 착한 법을 수행한 일 등인데, 그것을 구체적으로 하나하나 열거하면 열 가지 바라밀을 수행하는 것이다. 대승보살은 육바라밀과 내지 십바라밀을 깊고 넓고 크게 시대에 맞추고 상황에 맞추고 근기에 맞춰서 설하고 잘 실천하여 수행하게 해야 한다.

　　　행 단 바 라 밀　　　　난 사 능 사
行檀波羅蜜하야 **難捨能捨**하며

단나바라밀다를 행하여 버리기 어려운 것을 버리었습니다.

　　　행 시 바 라 밀　　　기 사 왕 위 궁 전 권 속　　출 가
行尸波羅蜜하야 **棄捨王位宮殿眷屬**하고 **出家**
학 도
學道하며

시라바라밀다를 행하여 왕의 지위와 궁전과 권속을 버리고 출가하여 도를 배웠습니다.

行羼提波羅蜜_{하야} 能忍世間一切苦事_와 及以
菩薩所修苦行_{하야} 所持正法_이 皆悉堅固_{하야} 其心
不動_{하며} 亦能忍受一切衆生_이 於己身心_에 惡作
惡說_{하며} 忍一切業_{하야} 皆不失壞_{하며} 忍一切法_{하야}
生決定解_{하며} 忍諸法性_{하야} 能諦思惟_{하며}

찬제바라밀다를 행하여 세간의 모든 괴로운 일과 보살이 닦는 고행을 능히 참아서 가지는 바의 바른 법이 모두 견고하여 그 마음이 흔들리지 않으며, 또한 모든 중생이 자기의 몸과 마음에 나쁜 짓 하고 나쁜 말 하는 것을 능히 참으며, 여러 가지 업을 참아 다 무너뜨리지 않고, 일체 법을 참아서 결정한 지혜를 내며, 모든 법의 성품을 참아 능히 잘 생각하였습니다.

　인욕바라밀은 욕된 일을 참고 고행을 참고 악한 짓과 악한 말 하는 것 등을 잘 참는 것과 아울러 일체 법을 잘 이해하여 받아들이는 뜻을 지닌다.

　　행 정 진 바 라 밀　　기 일 체 지 행　　성 일 체 불
　　行精進波羅蜜하야 起一切智行하야 成一切佛
법
法하며

　정진바라밀다를 행하여 일체 지혜의 행을 일으키고 일체 불법을 이루었습니다.

　　행 선 바 라 밀　　기 선 바 라 밀　　소 유 자 구　　소
　　行禪波羅蜜하야 其禪波羅蜜의 所有資具와 所
유 수 습　소 유 성 취　소 유 청 정　소 유 기 삼 매 신
有修習과 所有成就와 所有淸淨과 所有起三昧神

통　　소유입삼매해문　　개실현시
通과 **所有入三昧海門**을 **皆悉顯示**하며

　선정바라밀다를 행하여 그 선정바라밀다의 있는 바 생활도구와, 있는 바를 닦아 익힘과, 있는 바를 성취함과, 있는 바의 청정과, 있는 바 삼매와 신통을 일으킴과, 있는 바 삼매 바다에 들어가는 문을 모두 다 드러내 보입니다.

　선정바라밀은 목석이 되어 조용히 있는 것이 아니라 일체 생활도구와 수행과 성취와 청정과 삼매와 신통 등을 모두 열어 보이는 일이다.

　　　행반야바라밀　　　기반야바라밀　　소유자구
　　行般若波羅蜜하야 **其般若波羅蜜**의 **所有資具**

　　　소유청정　　대지혜일　　대지혜운　　대지혜장
와 **所有淸淨**과 **大智慧日**과 **大智慧雲**과 **大智慧藏**

　　　대지혜문　　개실현시
과 **大智慧門**을 **皆悉顯示**하며

반야바라밀다를 행하여 그 반야바라밀다의 있는 바 도구와, 있는 바 청정과, 큰 지혜의 해와, 큰 지혜의 구름과, 큰 지혜의 창고와, 큰 지혜의 문을 모두 다 드러내 보입니다.

行方便波羅蜜_{하야} 其方便波羅蜜_의 所有資具_와 所有修行_과 所有體性_과 所有理趣_와 所有淸淨_과 所有相應事_를 皆悉顯示_{하며}

방편바라밀다를 행하여 그 방편바라밀다의 있는 바 도구와, 있는 바 수행과, 있는 바 성품과, 있는 바 이치와, 있는 바 청정과, 있는 바 서로 응하는 일을 모두 다 드러내 보입니다.

行願波羅蜜_{하야} 其願波羅蜜_의 所有體性_과 所

유성취   소유수습   소유상응사   개실현시
有成就와 **所有修習**과 **所有相應事**를 **皆悉顯示**하며

소원바라밀다를 행하여 그 소원바라밀다의 있는 바 성품과, 있는 바 성취와, 있는 바 닦아 익힘과, 있는 바 서로 응하는 일을 모두 다 드러내 보입니다.

행역바라밀   기역바라밀   소유자구   소
行力波羅蜜하야 **其力波羅蜜**의 **所有資具**와 **所**

유인연   소유이취   소유연설   소유상응사
有因緣과 **所有理趣**와 **所有演說**과 **所有相應事**를

개실현시
皆悉顯示하며

힘바라밀다를 행하여 그 힘바라밀다의 있는 바 도구와, 있는 바 인연과, 있는 바 이치와, 있는 바 연설과, 있는 바 서로 응하는 일을 모두 다 드러내 보입니다.

행지바라밀   기지바라밀   소유자구   소
行智波羅蜜하야 **其智波羅蜜**의 **所有資具**와 **所**

유체성　소유성취　소유청정　소유처소　소
有體性과 **所有成就**와 **所有淸淨**과 **所有處所**와 **所**

유증장　소유심입
有增長과 **所有深入**과

　　지혜바라밀다를 행하여 그 지혜바라밀다의 있는 바 도구와, 있는 바 성품과, 있는 바 성취와, 있는 바 청정과, 있는 바 처소와, 있는 바 증장함과, 있는 바 깊이 들어감과,

　　소유광명　소유현시　소유이취　소유상응
所有光明과 **所有顯示**와 **所有理趣**와 **所有相應**

사　소유간택　소유행상　소유상응법　소유
事와 **所有揀擇**과 **所有行相**과 **所有相應法**과 **所有**

소섭법
所攝法과

　　있는 바 광명과, 있는 바 드러내 보임과, 있는 바 이치와, 있는 바 서로 응하는 일과, 있는 바 가려냄과, 있는 바 행상行相과, 있는 바 서로 응하는 법과, 있는 바 거두어 주는 법과,

　　　　소지법　　소지업　　소지찰　　소지겁　　소지세
　　　　所知法과 所知業과 所知刹과 所知劫과 所知世

　　소지불출현　　소지불
와 所知佛出現과 所知佛과

아는 바 법과, 아는 바 업과, 아는 바 세계와, 아는 바 겁과, 아는 바 세상과, 아는 바 부처님의 출현하심과, 아는 바 부처님과,

　　　　소지보살　　소지보살심　　보살위　　보살자구
　　　　所知菩薩과 所知菩薩心과 菩薩位와 菩薩資具

　　보살발취　　보살회향　　보살대원　　보살법륜
와 菩薩發趣와 菩薩廻向과 菩薩大願과 菩薩法輪

　　보살간택법
과 菩薩揀擇法과

아는 바 보살과, 아는 바 보살의 마음과, 보살의 지위와, 보살의 도구와, 보살의 나아감과, 보살의 회향과, 보살의 큰 원과, 보살의 법륜과, 보살의 가려내는 법과,

보살법해   보살법문해   보살법선류   보살
菩薩法海와 **菩薩法門海**와 **菩薩法旋流**와 **菩薩**

법이취   여시등지바라밀   상응경계   개실현
法理趣인 **如是等智波羅蜜**의 **相應境界**를 **皆悉顯**

시   성숙중생
示하야 **成熟衆生**하니라

　보살의 법 바다와, 보살의 법문 바다와, 보살의 법이 돌아 흐름과, 보살법의 이치인 이와 같은 등 지혜바라밀다와 서로 응하는 경계를 모두 다 드러내 보여 중생을 성숙하게 하였습니다.

　지혜바라밀다는 중생 교화에 필요한 일체 모든 것을 다 지니어 빠짐이 없다. 또 모든 것을 다 알아 보살행을 행하는 데에 보살의 마음과 보살의 지위와 보살의 도구와 보살의 나아감과 보살의 회향과 보살의 큰 원과 보살의 법륜 등 갖추지 않은 것이 없다. 이것이 진정한 지혜바라밀을 수행함이다.

(15) 모든 공덕이 계속하는 차례를 말하다

又說此神의 從初發心으로 所集功德의 相續次第와 所習善根의 相續次第와 所修無量諸波羅蜜의 相續次第와 死此生彼하며 及其名號의 相續次第와

또한 이 주야신의 처음 발심한 적부터 모은 바 공덕의 계속하는 차례와, 익힌 바 착한 뿌리의 계속하는 차례와, 닦은 바 한량없는 모든 바라밀다의 계속하는 차례와, 여기서 죽어서 저기에 태어나며 그리고 그 이름의 계속하는 차례와,

親近善友하고 承事諸佛하야 受持正法하며 修菩薩行하야 入諸三昧하며

선지식을 친근하고 모든 부처님을 받들어 섬기며 바른 법을 받아 지니고 보살의 행을 닦아 모든 삼매에 들어감을 설합니다.

以三昧力_{으로} 普見諸佛_{하며} 普見諸刹_{하며} 普知諸劫_{하야} 深入法界_{하며} 觀察衆生_{하야} 入法界海_{하며} 知諸衆生_의 死此生彼_{하며}

이 삼매력 보현제불 보현제찰 보지 제겁 심입법계 관찰중생 입법계해 지제중생 사차생피

삼매의 힘으로 널리 모든 부처님을 보고, 여러 세계를 널리 보고, 여러 겁을 널리 알고, 법계에 깊이 들어가 중생을 관찰하며, 법계 바다에 들어가 모든 중생들이 여기서 죽어 저기에 태어나는 것을 압니다.

得淨天耳_{하야} 聞一切聲_{하며} 得淨天眼_{하야} 見一

득정천이 문일체성 득정천안 견일

_{체색} _{득타심지} _{지중생심}
切色하며 **得他心智**하야 **知衆生心**하며

청정한 하늘의 귀를 얻어 온갖 소리를 듣고, 청정한 하늘의 눈을 얻어 모든 색상을 보고, 다른 이의 마음을 아는 지혜를 얻어 중생들의 마음을 알고,

_{득숙주지} _{지전제사} _{득무의무작신족지}
得宿住智하야 **知前際事**하며 **得無依無作神足智**
_통 _{자재유행} _{변시방찰} _{여시소유} _{상속}
通하야 **自在遊行**하야 **徧十方刹**한 **如是所有**의 **相續**
_{차제}
次第와

전생 일을 아는 지혜[宿住智]를 얻어 앞의 일을 알고, 의지함도 없고 지음도 없이 뜻대로 움직이는 신통을 얻어 자재하게 다니며, 시방세계에 두루 하나니, 이와 같은 일이 계속하는 차례와,

得菩薩解脫하며 入菩薩解脫海하며 得菩薩自在하며 得菩薩勇猛하며 得菩薩遊步하며 住菩薩想하며 入菩薩道한 如是一切所有功德의 相續次第하야 皆悉演說分別顯示하사 成熟衆生하시니라

보살의 해탈을 얻고 보살의 해탈 바다에 들어가며, 보살의 자유자재함을 얻고, 보살의 용맹을 얻으며, 보살의 걸음걸이를 얻고, 보살의 생각에 머물고, 보살의 도에 들어가는, 이와 같은 모든 있는 바의 공덕이 계속하는 차례를 모두 연설하고 분별하여 나타내 보여서 중생들을 성숙하게 하였습니다.

희목관찰중생주야신은 온갖 몸의 구름을 내어 가지가지 음성으로 법을 설하고 다시 보살의 천이통과 천안통과 타심통과 숙명통과 신족통을 얻어서 시방세계에 두루 하며, 이와 같은 일이 계속하는 차례와 보살의 해탈과 보살의 자유

자재함과 보살의 용맹 등을 연설하고 분별하여 중생들을 성숙하게 함을 밝혔다.

(16) 법을 설한 이익을 밝히다

如是說時에 **於念念中**에 **十方各嚴淨不可說不可說諸佛國土**하야 **度脫無量惡趣衆生**하며 **令無量衆生**으로 **生天人中**하야 **富貴自在**하며 **令無量衆生**으로 **出生死海**하며 **令無量衆生**으로 **安住聲聞辟支佛地**하며 **令無量衆生**으로 **住如來地**케하시니라

이와 같이 말할 때 잠깐잠깐마다 시방으로 각각 말할 수 없이 말할 수 없는 부처님 국토를 깨끗하게 장엄하며, 한량없는 나쁜 길의 중생들을 제도하며, 한량없는 중생을 인간과 천상에 나서 부귀하고 자재하게 하며, 한량없는 중생을 생사의 바다에서 벗어나게 하며,

한량없는 중생을 성문이나 벽지불의 지위에 머물게 하며, 한량없는 중생을 여래의 지위에 머물게 하였습니다.

희목관찰중생주야신은 온갖 몸의 구름을 내어 가지가지 음성으로 법을 설한 이익을 밝혔다. 짧은 한순간에 무수한 국토를 청정하게 장엄하며, 한량없는 나쁜 길의 중생들을 제도하며, 한량없는 중생을 인간과 천상에 나서 부귀하고 자재하게 하며, 한량없는 중생을 생사의 바다에서 벗어나게 하며, 한량없는 중생을 성문이나 벽지불의 지위에 머물게 하며, 한량없는 중생을 궁극에는 여래의 지위에 머물게 하였다.

3) 선재동자가 보고 듣고 이익을 얻다

爾時에 善財童子가 見聞如上所現一切諸希有事하고 念念觀察하야 思惟解了하며 深入安住하야 承

佛威力과 及解脫力하야 則得菩薩不思議大勢力인

普喜幢自在力解脫하니

그때에 선재동자는 위에 나타낸 모든 희유한 일을 보고 듣고는 생각 생각에 관찰하고 생각하고 이해하여 깊이 들어가 편안하게 머물렀으며, 부처님의 위신의 힘과 해탈의 힘을 받고, 곧 보살의 부사의한 큰 세력과 널리 기뻐하는 당기의 자재한 힘의 해탈을 얻었습니다.

何以故오 與喜目夜神으로 於往昔時에 同修行故며 如來神力의 所加持故며 不思議善根의 所祐助故며 得菩薩諸根故며

무슨 까닭입니까. 희목관찰중생주야신과 더불어 옛날에 함께 수행한 연고며, 여래의 위신력으로 가피한 연고며, 부사의한 착한 뿌리로 도와주는 연고며, 보살

의 모든 근성을 얻은 연고며,

生如來種中故며 得善友力의 所攝受故며 受諸
如來의 所護念故며 毘盧遮那如來가 曾所化故며
彼分善根이 已成熟故며 堪修普賢菩薩行故니라

여래의 종성 가운데 태어난 연고며, 선지식의 힘으로 거두어 주는 연고며, 모든 여래의 호념하심을 받은 연고며, 비로자나 여래께서 일찍이 교화하신 연고며, 저러한 착한 뿌리가 이미 성숙한 연고며, 보현보살의 행을 능히 닦은 연고입니다.

희목관찰중생주야신이 온갖 몸의 구름을 내어 가지가지 음성으로 법을 설하고, 수많은 대중들이 법을 듣고 큰 이익을 얻게 된 사실을 선재동자가 보기도 하고 듣기도 한 뒤에 비로소 이익을 얻게 되었음을 밝혔다. 그리고 그 까닭은 희목관찰중생주야신과 더불어 옛날에 함께 수행하고, 또 여래의 위신력으로 가피하고, 부사의한 착한 뿌리로 도와주는 등의 일 때문이라고 하였다.

4) 선재동자의 게송 찬탄

爾時에 善財童子가 得此解脫已하고 心生歡喜하야 合掌向喜目觀察衆生夜神하야 以偈讚曰

그때에 선재동자는 이 해탈을 얻고 나서 마음이 환희하여 합장하고 희목관찰중생야신을 향하여 게송으로 찬탄하였습니다.

無量無數劫에 學佛甚深法하사

隨其所應化하야 顯現妙色身이로다

한량없고 수없는 겁 동안에
부처님의 깊고 깊은 법을 배우고
교화할 만한 이를 따라서
미묘한 몸을 나타내었도다.

요지제중생
了知諸衆生이

침미영망상
沈迷嬰妄想하고

종종신개현
種種身皆現하사

수응실조복
隨應悉調伏이로다

모든 중생들 미혹하고
망상에 빠진 줄 알고
가지가지 몸을 다 나타내어
마땅한 대로 다 조복하도다.

희목관찰중생주야신은 한량없고 수없는 겁 동안 부처님의 깊고 깊은 법을 배웠다. 그래서 중생들을 교화하기에 필요한 몸을 다 나타내어 미혹하고 망상에 빠진 이들을 모두 조복하였다. 아무리 오랜 세월 동안 수행하였다 하더라도 그 수행을 다시 회향하여 중생들을 교화하지 않는다면 보살의 수행이 아님을 먼저 밝혔다.

> 법신항적정
> **法身恒寂靜**하야
> 청정무이상
> **淸淨無二相**이로대
>
> 위화중생고
> **爲化衆生故**로
> 시현종종형
> **示現種種形**이로다

법의 몸 항상 고요해
청정하여 두 모양 없지만
중생들을 교화하기 위하여
가지각색 형상을 나타내도다.

수행의 결과로 얻은 몸은 법의 몸이다. 법의 몸은 언제나 고요하고 텅 비어서 모양이 없다. 모양이 없으나 중생들을 교화하기 위해서는 필요한 대로 얼마든지 많은 몸을 나타내 보인다. 이와 같이 진정한 수행자는 어떤 고정된 모습만을 지키지 않는다. 중생들이 필요하다면 천변만화하는 것이다.

어 제 온 계 처
於諸蘊界處에

미 증 유 소 착
未曾有所着이나

시 행 급 색 신
示行及色身하사

조 복 일 체 중
調伏一切衆이로다

여러 가지 오온과 십팔계와 십이처에

일찍이 집착하지 않지만

행동과 육신을 보여

일체 중생을 조복하도다.

보살이 오온과 십팔계와 십이처에 무슨 집착이 있겠는가. 그러나 중생들을 교화하고 조복하기 위해서는 온갖 행동을 보이고 온갖 육신의 모습도 다 보인다.

불 착 내 외 법
不着內外法하야

이 도 생 사 해
已度生死海로대

이 현 종 종 신
而現種種身하사

주 어 제 유 계
住於諸有界로다

안과 밖 모든 법에 집착하지 않고

나고 죽는 바다에서 이미 벗어났지만
가지가지 몸을 나타내어
모든 존재[諸有]의 세계에 머물도다.

중생이나 소승 성문과 독각들은 생사의 바다에서 벗어나면 다시는 생사를 받으려 하지 않는다. 영원히 삶을 반복하지 않는다. 그러나 보살은 생사의 바다를 이미 벗어났으나 일부러 생사를 받아 지옥, 아귀, 축생, 인도, 천도, 아수라 등 온갖 존재의 세계에 머물면서 그들 중생을 교화하고 조복한다. 이것이 대승보살의 특징이다.

원 리 제 분 별
遠離諸分別하사

희 론 소 부 동
戲論所不動이로대

위 착 망 상 자
爲着妄想者하사

홍 선 십 력 법
弘宣十力法이로다

여러 가지 분별 멀리 여의고
부질없는 말에 흔들리지 않으나
망상에 집착한 이를 위해서

열 가지 힘의 법[十力法]을 널리 선전하도다.

열 가지 힘의 법[十力法]이란 부처님께서 갖추신 법이다. 그래서 부처님을 다른 표현으로 열 가지 힘을 가진 십력자十力者라고 한다. 그 열 가지 힘이란 범어로는 Daśa-balah이다. 부처님께만 있는 열 가지 심력心力으로서 ① 중생의 옳은 곳과 그른 곳을 아는 지혜의 힘[處非處智力]이며, ② 과거 미래 현재에 업으로 받는 과보를 아는 지혜의 힘[業異熟智力]이며, ③ 모든 선정과 해탈과 삼매와 때 묻고 깨끗함이 일어나는 때와 때 아님을 아는 지혜의 힘[靜慮解脫等持等至智力]이며, ④ 모든 근성이 영리하고 둔함을 아는 지혜의 힘[根上下智力]이며, ⑤ 가지가지 이해를 아는 지혜의 힘[種種勝解智力]이며, ⑥ 갖가지 경계를 아는 지혜의 힘[種種界智力]이며, ⑦ 온갖 곳에 이르러 갈 길을 아는 지혜의 힘[遍趣行智力]이며, ⑧ 일체 세계에서 지난 세상에 머물던 일을 기억함에 따라 아는 지혜의 힘[宿住隨念智力]이며, ⑨ 죽은 뒤에 어디에 태어나는가를 아는 지혜의 힘[死生智力]이며, ⑩ 누진통의 지혜의 힘[漏盡智力]이다.

일 심 주 삼 매　　　　　　무 량 겁 부 동
一心住三昧하사　　　　　無量劫不動이나

모 공 출 화 운　　　　　　공 양 시 방 불
毛孔出化雲하사　　　　　供養十方佛이로다

한결같은 마음으로 삼매에 머물러
한량없는 세월에 동하지 않지만
모공으로 변화한 구름을 내어
시방의 부처님께 공양하도다.

희목관찰중생주야신은 한결같은 마음으로 삼매에 머물러 있어서 한량없는 세월 동안 요지부동이다. 그러나 낱낱 모공으로 변화한 몸의 구름을 내어 모든 사람 모든 생명을 부처님으로 받들어 섬기며 공양한다. 이것이 삼매에 머물러 있는 진정한 모습이다.

득 불 방 편 력　　　　　　염 념 무 변 제
得佛方便力하사　　　　　念念無邊際호대

시 현 종 종 신　　　　　　보 섭 제 군 생
示現種種身하사　　　　　普攝諸群生이로다

부처님 방편의 힘을 얻어

생각 생각마다 그지없는 경계에

갖가지 몸을 나타내어

모든 중생을 널리 섭수하도다.

요지제유해 　　　　　종종업장엄
了知諸有海에　　　**種種業莊嚴**하고

위설무애법 　　　　　영기실청정
爲說無礙法하사　**令其悉淸淨**이로다

모든 중생[諸有]의 바다가

갖가지 업으로 장엄한 줄 알고도

걸림이 없는 법을 설하여

그들을 모두 청정하게 하도다.

색신묘무비 　　　　　청정여보현
色身妙無比하사　**淸淨如普賢**이라

수제중생심 　　　　　시현세간상
隨諸衆生心하사　**示現世間相**이로다

육신은 미묘하여 비할 데 없어서
청정하기가 보현과 같지만
모든 중생의 마음을 따라
세간의 모양을 나타내 보이도다.

희목관찰중생주야신은 부처님의 방편의 힘을 얻어 생각 생각마다 그지없는 경계에서 갖가지 몸을 나타내어 모든 중생들을 널리 교화하고 조복한다. 그의 몸은 아름답기 그지없어 청정하기가 마치 보현보살의 몸과 같지만 중생들을 교화하기 위해서 세상의 중생들의 모습과 같이 나타내 보인다. 선재동자가 이와 같이 이 주야신 선지식을 찬탄하였다.

5) 희목관찰중생주야신이 발심한 때의 일을 말하다

이시 선재동자 설차송이 백언 천신
爾時에 **善財童子**가 **說此頌已**하고 **白言**호대 **天神**하

여 발아뇩다라삼먁삼보리심 위기시야 득
汝發阿耨多羅三藐三菩提心이 **爲幾時耶**하며 **得**

此解脫이 其已久如니잇고 爾時에 喜目觀察衆生主
夜神이 以頌答曰

　그때에 선재동자는 이 게송을 설하고 나서 다시 말하였습니다. "천신이여, 그대가 아뇩다라삼먁삼보리심을 발한 것은 어느 때이며, 이 해탈을 얻은 지는 얼마나 오래되었습니까?" 그때에 희목관찰중생주야신이 게송으로 대답하였습니다.

　선재동자가 희목관찰중생주야신 선지식의 공덕을 게송으로 찬탄하고 나서 다시 보리심을 발한 때와 해탈을 얻은 지는 얼마나 오래되었는가를 질문하자 주야신은 과거의 열 가지 겁 동안 부처님을 친견하고 수행한 일을 낱낱이 다 열거하여 설명한다.

(1) 적정음겁寂靜音劫 때의 일

我念過去世에   **過於刹塵劫**하야
(아념과거세)   (과어찰진겁)

刹號摩尼光이요   **劫名寂靜音**이라
(찰호마니광)   (겁명적정음)

제가 기억하건대 지나간 세월

세계의 먼지 수 겁 전에

마니광명 세계가 있었고

겁의 이름은 적정음이었습니다.

百萬那由他   **俱胝四天下**에
(백만나유타)   (구지사천하)

其王數亦爾하야   **各各自臨馭**어든
(기왕수역이)   (각각자림어)

그때 백만 나유타 구지의

사천하가 있는데

그러한 수효의 임금들이

각각 그 세계를 통치하였습니다.

중유일왕도　　　　호왈향당보
中有一王都하니　　**號曰香幢寶**라

장엄최수묘　　　　건자개흔열
莊嚴最殊妙하야　　**見者皆欣悅**하며

그중에 한 나라의 왕도王都는

이름을 향당보香幢寶라 하는데

장엄이 가장 훌륭하여

보는 이마다 기뻐하였고

중유전륜왕　　　　기신심미묘
中有轉輪王하니　　**其身甚微妙**하야

삼십이종상　　　　수호이장엄
三十二種相에　　　**隨好以莊嚴**이라

그 왕도에 있는 전륜왕은

그 몸이 아주 아름다워

서른두 가지의 거룩한 모습과

여러 가지 잘생긴 모양으로 장엄하였습니다.

연화중화생	금색광명신
蓮華中化生	**金色光明身**이

등공조원근	보급염부계
騰空照遠近하야	**普及閻浮界**로다

연꽃 속에서 화생하여

금빛 광명의 몸이

공중에 올라 곳곳을 다 비추고

염부제까지 널리 비추었습니다.

기왕유천자	용맹신단정
其王有千子하니	**勇猛身端正**이요

신좌만일억	지혜선방편
臣佐滿一億하니	**智慧善方便**이로다

그 임금의 일천 태자들은

용맹하고 몸이 단정하였으며

일억이나 되는 여러 신하들은

지혜 있고 방편도 훌륭하였습니다.

빈 어 유 십 억
嬪御有十億하니

안 용 상 천 녀
顏容狀天女라

이 익 조 유 의
利益調柔意와

자 심 급 시 왕
慈心給侍王이로다

궁녀들은 십억이나 되는데

얼굴은 하늘의 여인과 같고

남을 이익하게 하려는 부드러운 생각과

자비한 마음으로 왕을 모셨습니다.

기 왕 이 법 화
其王以法化로

보 급 사 천 하
普及四天下하사

윤 위 대 지 중
輪圍大地中에

일 체 개 풍 성
一切皆豐盛이어든

그 임금 불법으로 백성을 교화하여

사천하에 두루 미치고

철위산 안 넓은 땅들이

모두 다 풍성하였습니다.

| 아 시 위 보 녀 | 구 족 범 음 성 |
| **我時爲寶女**하니 | **具足梵音聲**하고 |

| 신 출 금 색 광 | 조 급 천 유 순 |
| **身出金色光**하야 | **照及千由旬**이라 |

저는 그때 보녀寶女가 되어

범천의 음성을 구족하고

몸에서는 금빛 광명이 나와

일천 유순을 비추었습니다.

| 일 광 기 이 몰 | 음 악 함 적 연 |
| **日光旣已沒**하고 | **音樂咸寂然**하야 |

| 대 왕 급 시 어 | 일 체 개 안 침 |
| **大王及侍御**가 | **一切皆安寢**이러니 |

날은 이미 저물고

음악도 모두 고요한데

대왕과 궁녀들은

모두 깊은 잠에 들었고

피시덕해불	출흥어세간
彼時德海佛이	**出興於世間**하사

현현신통력	충만시방계
顯現神通力하사	**充滿十方界**하시며

그때 덕해德海 부처님이

세상에 출현하시어서

신통한 힘을 나타내어

시방세계에 가득하시며

방대광명해	일체찰진수
放大光明海를	**一切刹塵數**하사

종종자재신	변만어시방
種種自在身이	**徧滿於十方**이어든

큰 광명 바다를 놓으니

그 수효 세계의 티끌 수라

가지가지 자재하신 몸이

시방세계에 가득하고

지진출묘음
地震出妙音하야

보고불홍세
普告佛興世하니

천인용신중
天人龍神衆이

일체개환희
一切皆歡喜라

땅은 진동하며 묘한 소리를 내어

부처님이 출현하셨다고 널리 알리니

천신과 사람과 용과 귀신들이

모두 기뻐서 어쩔 줄 모르고

일일모공중
一一毛孔中에

출불화신해
出佛化身海하야

시방개변만
十方皆徧滿하야

수응설묘법
隨應說妙法이어늘

낱낱 모공에서

부처님 화신이 출현하여

시방에 가득하여

묘한 법을 연설하였습니다.

아 시 어 몽 중
我時於夢中에

건 불 제 신 변
見佛諸神變하며

역 문 심 묘 법
亦聞深妙法하고

심 생 대 환 희
心生大歡喜러니

그때 저는 꿈속에서

부처님의 모든 신통변화를 보며

또한 미묘한 법문을 듣고

마음에 크게 기뻐하는데

일 만 주 야 신
一萬主夜神이

공 재 공 중 주
共在空中住하야

찬 탄 불 흥 세
讚歎佛興世하야

동 시 각 오 아
同時覺悟我호대

일만 명의 주야신이

공중에 함께 있어서

부처님 출현을 찬탄하여

동시에 저를 깨우치되

현혜여응기	불이현여국
賢慧汝應起하라	**佛已現汝國**이시니
겁해난치우	견자득청정
劫海難值遇라	**見者得淸淨**이라하야늘

어질고 슬기로운 그대여 응당 일어나라

부처님이 그대의 나라에 이미 출현하시니

오랜 세월에 만나기 어려워서

친견하는 사람은 청정해지리라 하니

아시변매오	즉도청정광
我時便寤寐하야	**卽覩淸淨光**하고
관차종하래	견불수왕하
觀此從何來하야	**見佛樹王下**호니

저는 그때 곧 깨어나

곧바로 청정한 광명을 보고

이 광명 어디서 왔는가를 살펴서

보리수 아래에 부처님 계심을 보니

제 상 장 엄 체	유 여 보 산 왕
諸相莊嚴體가	**猶如寶山王**하야
일 체 모 공 중	방 대 광 명 해
一切毛孔中에	**放大光明海**리라

여러 가지로 장엄한 상호의 몸

마치 보배의 산과 같으시고

모든 모공에서

큰 광명 바다를 놓고 계셨습니다.

견 이 심 환 희	변 생 차 념 언
見已心歡喜하야	**便生此念言**호대
원 아 득 여 불	광 대 신 통 력
願我得如佛하야	**廣大神通力**하야지이다

그것을 보고 나서 마음이 즐거워

곧 이런 생각을 하였으니

원컨대 나도 부처님처럼

광대한 신통의 힘 얻으리라 하였습니다.

아시심각오	대왕병권속
我時尋覺悟	**大王幷眷屬**하야

영견불광명	일체개흔경
令見佛光明하니	**一切皆欣慶**이라

저는 그때 곧

대왕과 권속을 깨워

부처님 광명을 보게 하니

모두들 다 기뻐하였고

아시여대왕	기종천만억
我時與大王과	**騎從千萬億**과

중생역무량	구행예불소
衆生亦無量으로	**俱行詣佛所**호라

저는 대왕과 함께

천만억의 말을 탄 시종들과

한량없는 중생을 데리고

다 같이 부처님 계신 데 나아가

아 어 이 만 세
我於二萬歲에

공 양 피 여 래
供養彼如來호대

칠 보 사 천 하
七寶四天下를

일 체 개 봉 시
一切皆奉施호니

저는 이만 년이 되도록

그 여래께 공양하고

칠보와 사천하를

다 받들어 보시하니

시 피 여 래 설
時彼如來說

공 덕 보 운 경
功德普雲經하사

보 응 군 생 심
普應群生心하야

장 엄 제 원 해
莊嚴諸願海로다

그때 그 여래께서는

공덕보운경功德普雲經을 설하여

중생들의 마음에 두루 맞추어

모든 소원 바다를 장엄하였습니다.

| 야 신 각 오 아 | 영 아 득 이 익 |
| 夜神覺悟我_{하야} | 令我得利益_{일새} |

| 아 원 작 시 신 | 각 제 방 일 자 |
| 我願作是身_{하야} | 覺諸放逸者_{로니} |

주야신들이 저를 일깨워

저로 하여금 이익을 얻게 했을새

저는 원하기를 이런 몸 얻어

모든 방일한 이를 깨울 것이로다.

| 아 종 차 초 발 | 최 상 보 리 원 |
| 我從此初發 | 最上菩提願_{하야} |

| 왕 래 제 유 중 | 기 심 무 망 실 |
| 往來諸有中_에 | 其心無忘失_{호라} |

저는 이때에 처음으로

가장 높은 보리를 이루려는 원을 세우고

모든 생사 중에 오고 가면서

그 마음 잊지 않았습니다.

종차후공양	십억나유불
從此後供養	**十億那由佛**하고

항수인천락	요익제군생
恒受人天樂하야	**饒益諸群生**호니

그로부터 뒤에도

십억 나유타 부처님께 공양하고

항상 천상과 인간의 낙을 받으며

수많은 중생을 이익하게 하였습니다.

초불공덕해	제이공덕등
初佛功德海요	**第二功德燈**이요

제삼묘보당	제사허공지
第三妙寶幢이요	**第四虛空智**요

첫째 부처님은 공덕해功德海요

둘째 부처님은 공덕등功德燈이요

셋째 부처님은 묘보당妙寶幢이요

넷째 부처님은 허공지虛空智이시라.

제오연화장
第五蓮華藏이요

제육무애혜
第六無礙慧요

제칠법월왕
第七法月王이요

제팔지등륜
第八智燈輪이요

다섯째 부처님은 연화장蓮華藏이요

여섯째 부처님은 무애혜無礙慧요

일곱째 부처님은 법월왕法月王이요

여덟째 부처님은 지등륜智燈輪이시라.

제구양족존
第九兩足尊은

보염산등왕
寶焰山燈王이요

제십조어사
第十調御師는

삼세화광음
三世華光音이라

아홉째 양족존兩足尊은

보염산등왕寶焰山燈王이요

열째 조어사調御師는

삼세화광음三世華光音이시라.

여 시 등 제 불
如是等諸佛을

아 실 증 공 양
我悉曾供養이나

연 미 득 혜 안
然未得慧眼하야

입 어 해 탈 해
入於解脫海호라

이와 같은 여러 부처님을

제가 모두 일찍이 공양했으나

그러나 지혜의 눈을 얻지 못하여

해탈의 바다에 들지 못했습니다.

선재동자가 희목관찰중생주야신 선지식의 공덕을 게송으로 찬탄하고 나서 다시 보리심을 발한 때와 해탈을 얻은 지가 얼마나 오래되었는가를 질문하자 희목관찰중생주야신이 게송으로 과거의 열 가지 겁 동안 부처님을 친견하고 수행한 일을 낱낱이 다 열거하여 설명하는데, 먼저 적정음겁寂靜音劫 때의 일을 들었다. 이 겁에서 10억 나유타 부처님께 공양하였으나 아직은 지혜의 눈을 얻지 못하여 해탈의 바다에 들어가지 못하였다고 하였다. 얼마나 많은 부처님께 공양하여야 지혜의 눈을 얻고 해탈의 바다에 들어갈 것인가. 보살은 모든 사람 모든 생명을 세세생생 부처님으로 받들어 섬기며 공양하는 것이 본래의 서원이다. 이미 지혜의 눈을 얻지 못하였다면 그 많은 부처님께 공양할 수 있었겠는가.

(2) 천승겁天勝劫 때의 일

종차차제유
從此次第有 일체보광찰
一切寶光刹하니

기겁명천승
其劫名天勝이요 오백불흥세
五百佛興世하시니

그 후부터 다음에는

일체보광一切寶光 세계가 있었는데

겁의 이름은 천승天勝이요

오백 부처님이 세상에 출현하였습니다.

최초월광륜
最初月光輪이요 제이명일등
第二名日燈이요

제삼명광당
第三名光幢이요 제사보수미
第四寶須彌요

첫째 부처님은 월광륜月光輪이요

둘째 부처님은 일등日燈이요

셋째 부처님은 광당光幢이요

넷째 부처님은 보수미寶須彌이시니라.

제오명화염
第五名華焰이요

제육호등해
第六號燈海요

제칠치연불
第七熾然佛이요

제팔천장불
第八天藏佛이요

다섯째 부처님은 화염華焰이요

여섯째 부처님은 등해燈海요

일곱째 부처님은 치연불熾然佛이요

여덟째 부처님은 천장불天藏佛이시니라.

구광명왕당
九光明王幢이요

십보지광왕
十普智光王이라

여시등제불
如是等諸佛을

아실증공양
我悉曾供養호대

아홉째 부처님은 광명왕당光明王幢이요
열째 부처님은 보지광왕普智光王이시라.
이와 같은 부처님께
제가 모두 일찍이 공양했으나

상 어 제 법 중 　　　　　무 이 계 위 유
尙於諸法中에 　　　**無而計爲有**호라

오히려 모든 법에 대하여
없는 것을 있다고 여겼습니다.

천승겁天勝劫 때의 일을 밝혔는데 오백 부처님이 출현하였고 열 분의 부처님 이름을 열거하면서 공양하였으나 아직은 모든 존재에 대해서 없는 것을 있다고 여기며 수행하였음을 게송으로 말하였다.

(3) 범광명겁梵光明劫 때의 일

종차부유겁
從此復有劫하니

명왈범광명
名曰梵光明이요

그 뒤에 또 겁이 있으니

이름이 범광명梵光明이요

세계연화등
世界蓮華燈이라

장엄극수묘
莊嚴極殊妙어든

피유무량불
彼有無量佛하시니

일일무량중
一一無量衆이라

세계의 이름은 연화등蓮華燈이라

장엄이 매우 훌륭했으며

그 세계에 한량없는 부처님이 계셨는데

부처님마다 한량없는 대중이 있었습니다.

아실증공양
我悉曾供養하고

존중청문법
尊重聽聞法호니

초 보 수 미 불　　　　　　이 공 덕 해 불
初寶須彌佛이요　　　　**二功德海佛**이요

제가 다 일찍이 공양하면서

존중하고 법문을 들었습니다.

첫째 부처님은 보수미불寶須彌佛이요

둘째 부처님은 공덕해불功德海佛이요

삼 법 계 음 불　　　　　　사 법 진 뢰 불
三法界音佛이요　　　　**四法震雷佛**이요

오 명 법 당 불　　　　　　육 명 지 광 불
五名法幢佛이요　　　　**六名地光佛**이요

셋째 부처님은 법계음불法界音佛이요

넷째 부처님은 법진뢰불法震雷佛이요

다섯째 부처님은 법당불法幢佛이요

여섯째 부처님은 지광불地光佛이시라.

칠 명 법 력 광　　　　　　팔 명 허 공 각
七名法力光이요　　　　**八名虛空覺**이요

제 구 수 미 광
第九須彌光이요

제 십 공 덕 운
第十功德雲이라

일곱째 부처님은 법력광法力光이요

여덟째 부처님은 허공각虛空覺이요

아홉째 부처님은 수미광須彌光이요

열째 부처님은 공덕운功德雲이시라.

여 시 등 여 래
如是等如來를

아 실 증 공 양
我悉曾供養호대

미 능 명 료 법
未能明了法하야

이 입 제 불 해
而入諸佛海호라

이와 같은 모든 여래께

제가 다 일찍이 공양했지만

법을 분명히 알지 못하여

부처님 바다에 들지 못했습니다.

세 번째 범광명겁梵光明劫 때의 일을 밝혔다. 역시 열 분의 부처님께 공양하였으나 아직은 법을 분명히 알지 못하여 부처님의 바다에 들지 못했다고 설하였다.

(4) 공덕월겁功德月劫 때의 일

차후부유겁
次後復有劫하니

명위공덕월
名爲功德月이요

그 뒤에 또 겁이 있는데
이름이 공덕월功德月이라.

이시유세계
爾時有世界하니

기명공덕당
其名功德幢이어든

피중유제불
彼中有諸佛하시니

팔십나유타
八十那由他라

그때에 있는 세계는
이름이 공덕당功德幢이고
그 세계에 출현하신 부처님은
80나유타이신데

아 개 이 묘 공
我皆以妙供으로

심 심 이 경 봉
深心而敬奉호니

초 건 달 바 왕
初乾闥婆王이요

이 명 대 수 왕
二名大樹王이요

저는 다 미묘한 공양거리로써

깊은 마음으로 받들었습니다.

첫째 부처님은 건달바왕乾闥婆王이요

둘째 부처님은 대수왕大樹王이요

삼 공 덕 수 미
三功德須彌요

제 사 보 안 불
第四寶眼佛이요

제 오 노 사 나
第五盧舍那요

제 육 광 장 엄
第六光莊嚴이요

셋째 부처님은 공덕수미功德須彌요

넷째 부처님은 보안불寶眼佛이요

다섯째 부처님은 노사나盧舍那요

여섯째 부처님은 광장엄光莊嚴이시라.

| 제칠법해불 | 제팔광승불 |
| **第七法海佛**이요 | **第八光勝佛**이요 |

| 구명현승불 | 제십법왕불 |
| **九名賢勝佛**이요 | **第十法王佛**이라 |

일곱째 부처님은 법해불法海佛이요

여덟째 부처님은 광승불光勝佛이요

아홉째 부처님은 현승불賢勝佛이요

열째 부처님은 법왕불法王佛이시라.

| 여시등제불 | 아실증공양 |
| **如是等諸佛**을 | **我悉曾供養**이나 |

| 연미득심지 | 입어제법해 |
| **然未得深智**하야 | **入於諸法海**호라 |

이와 같은 여러 부처님을

제가 다 일찍이 공양했으나

그러나 깊은 지혜를 얻지 못하여

법의 바다에 들어가지 못했습니다.

네 번째 공덕월겁功德月劫 때의 일을 밝혔다. 80나유타 부저

님과 다시 열 분의 부처님께 공양했으나 그러나 깊은 지혜를 얻지 못하여 법의 바다에 들어가지 못하였다고 하였다.

(5) 적정혜겁寂靜慧劫 때의 일

차후부유겁
此後復有劫하니

명위적정혜
名爲寂靜慧요

찰호금강보
刹號金剛寶라

장엄실수묘
莊嚴悉殊妙이든

그 뒤에 또 겁이 있으니
이름이 적정혜寂靜慧라
세계 이름은 금강보金剛寶인데
장엄이 뛰어나게 아름다웠습니다.

어중유천불
於中有千佛이

차제이출흥
次第而出興하사

중생소번뇌
衆生少煩惱하고

중회실청정
衆會悉淸淨하니

그 겁 동안에 일천 부처님이

차례차례 나시었으며

중생들은 번뇌가 적고

모인 대중은 모두 청정하였습니다.

초금강제불
初金剛臍佛이요

이무애력불
二無礙力佛이요

삼명법계영
三名法界影이요

사호시방등
四號十方燈이요

첫째 부처님은 금강제불金剛臍佛이요

둘째 부처님은 무애력불無礙力佛이요

셋째 부처님은 법계영法界影이요

넷째 부처님은 시방등十方燈이시라.

제오명비광
第五名悲光이요

제육명계해
第六名戒海요

제칠인등륜
第七忍燈輪이요

제팔법륜광
第八法輪光이요

다섯째 부처님은 비광悲光이요

여섯째 부처님은 계해戒海요

일곱째 부처님은 인등륜忍燈輪이요

여덟째 부처님은 법륜광法輪光이시라.

구명광장엄	십명적정광
九名光莊嚴이요	**十名寂靜光**이라
여시등제불	아실증공양
如是等諸佛을	**我悉曾供養**호대

아홉째 부처님은 광장엄光莊嚴이요

열째 부처님은 적정광寂靜光이시라.

이와 같은 부처님을

제가 다 일찍이 공양하였으나

유미능심오	여공청정법
猶未能深悟	**如空淸淨法**하야
유행일체찰	어피수제행
遊行一切刹하야	**於彼修諸行**호라

허공처럼 청정한 법을
아직은 깊이 깨닫지 못하고
여러 세계로 다니면서
거기서 여러 행을 닦았습니다.

다섯 번째 적정혜겁寂靜慧劫 때의 일을 밝혔다. 일천 부처님과 다시 열 분의 부처님께 공양하였으나 허공처럼 청정한 법을 아직은 깊이 깨닫지 못하고 여러 세계로 다니면서 여러 가지 행을 닦았다고 하였다.

(6) 선출현겁善出現劫 때의 일

차 제 부 유 겁
次第復有劫하니

명 위 선 출 현
名爲善出現이요

찰 호 향 등 운
刹號香燈雲이라

정 예 소 공 성
淨穢所共成이어든

그 다음에 겁이 있으니
이름이 선출현善出現이고
세계는 향등운香燈雲인데

정토淨土와 예토穢土가 섞이어 있고

억 불 어 중 현　　　　　장 엄 찰 급 겁
億佛於中現하사　　　**莊嚴刹及劫**이라

소 설 종 종 법　　　　　아 개 능 억 지
所說種種法을　　　　**我皆能憶持**호니

일억 부처님이 출현하시어

세계와 겁을 장엄하시고

가지가지로 말씀한 법을

저는 다 기억했습니다.

초 명 광 칭 불　　　　　차 명 법 해 불
初名廣稱佛이요　　　**次名法海佛**이요

삼 명 자 재 왕　　　　　사 명 공 덕 운
三名自在王이요　　　**四名功德雲**이요

첫째 부처님은 광칭불廣稱佛이요

둘째 부처님은 법해불法海佛이요

셋째 부처님은 자재왕自在王이며

넷째 부처님은 공덕운功德雲이시라.

제 오 법 승 불
第五法勝佛이요

제 육 천 관 불
第六天冠佛이요

제 칠 지 염 불
第七智焰佛이요

제 팔 허 공 음
第八虛空音이요

다섯째 부처님은 법승불法勝佛이요

여섯째 부처님은 천관불天冠佛이요

일곱째 부처님은 지염불智焰佛이며

여덟째 부처님은 허공음虛空音이시라.

제 구 양 족 존
第九兩足尊은

명 보 생 수 승
名普生殊勝이요

제 십 무 상 사
第十無上士는

미 간 승 광 명
眉間勝光明이라

아홉째 양족존兩足尊은

보생수승普生殊勝이요

열째 무상사無上士는

미간승광명眉間勝光明이시라.

여 시 일 체 불
如是一切佛을

아 실 증 공 양
我悉曾供養이나

연 유 미 능 정
然猶未能淨

이 제 장 애 도
離諸障礙道호라

이와 같은 여러 부처님을

제가 다 일찍이 공양했으나

그러나 아직은 청정하게

장애하는 길을 여의지 못했습니다.

여섯 번째 선출현겁善出現劫 때의 일을 밝혔다. 일억 부처님이 출현하시어 세계와 겁을 장엄하시고, 가지가지로 말씀한 법을 다 기억했으며, 차례대로 열 분의 부처님께 공양한 것을 설하였다.

(7) 집견고왕겁集堅固王劫 때의 일

차제부유겁   명집견고왕
次第復有劫하니   **名集堅固王**이요

찰호보당왕   일체선분포
刹號寶幢王이라   **一切善分布**어든

그 다음에 겁이 있으니

이름이 집견고왕集堅固王이요

세계의 이름은 보당왕寶幢王이니

모든 것이 잘 널려 있었습니다.

유오백제불   어중이출현
有五百諸佛이   **於中而出現**이어늘

아공경공양   구무애해탈
我恭敬供養하야   **求無礙解脫**호니

오백 부처님이 계시어

거기에 출현하셨으니

제가 공경하며 공양하여

걸림 없는 해탈을 구했습니다.

최초공덕륜
最初功德輪이요

기 차 적 정 음
其次寂靜音이요

차 명 공 덕 해
次名功德海요

차 명 일 광 왕
次名日光王이요

최초의 부처님은 공덕륜功德輪이요

다음의 부처님은 적정음寂靜音이요

다음의 부처님은 공덕해功德海이며

다음의 부처님은 일광왕日光王이시라.

제 오 공 덕 왕
第五功德王이요

제 육 수 미 상
第六須彌相이요

차 명 법 자 재
次名法自在요

차 불 공 덕 왕
次佛功德王이요

다섯째 부처님은 공덕왕功德王이요

여섯째 부처님은 수미상須彌相이요

다음의 부처님은 법자재法自在요

다음의 부처님은 공덕왕功德王이시라.

제구복수미	제십광명왕
第九福須彌요	**第十光明王**이라
여시등제불	아실증공양
如是等諸佛을	**我悉曾供養**하야

아홉째 부처님은 복수미福須彌요

열째 부처님은 광명왕光明王이시라.

이와 같은 부처님들을

제가 다 일찍이 공양했습니다.

소유청정도	보입진무여
所有淸淨道에	**普入盡無餘**나
연어소입문	미능성취인
然於所入門에	**未能成就忍**호라

그들의 청정한 길에

남김없이 널리 다 들어갔으나

그러나 들어가야 할 문에서

아직은 지혜를 이루지 못했습니다.

일곱 번째 집견고왕겁集堅固王劫 때의 일을 밝혔다. 공덕륜

功德輪 부처님부터 오백 부처님이 출현하였고 공경 공양하며 걸림 없는 해탈을 구했으나 아직은 지혜를 이루지 못하였다고 하였다.

(8) 묘승주겁妙勝主劫 때의 일

차제부유겁
次第復有劫하니

명위묘승주
名爲妙勝主요

찰호적정음
刹號寂靜音이라

중생번뇌박
衆生煩惱薄이어든

그 다음에 또 겁이 있으니
이름이 묘승주妙勝主요
세계는 적정음寂靜音이니
중생들은 번뇌가 얇았습니다.

어중유불현
於中有佛現하시니

팔십나유타
八十那由他라

아실증공양
我悉曾供養하야

수행최승도
修行最勝道호니

그때에 부처님이 출현하셨는데
80나유타이시라.
제가 다 일찍이 공양하고
가장 높은 도를 닦아 행하였습니다.

초 불 명 화 취　　　　차 불 명 해 장
初佛名華聚요　　　**次佛名海藏**이요

차 명 공 덕 생　　　　차 호 천 왕 계
次名功德生이요　　**次號天王髻**요

첫째 부처님은 화취華聚이시고

다음 부처님은 해장海藏이시며

그 다음은 공덕생功德生이시고

또 다음은 천왕계天王髻이시라.

제 오 마 니 장　　　　제 육 진 금 산
第五摩尼藏이요　　**第六眞金山**이요

제 칠 보 취 존　　　　제 팔 법 당 불
第七寶聚尊이요　　**第八法幢佛**이요

다섯째 부처님은 마니장摩尼藏이요

여섯째 부처님은 진금산眞金山이며

일곱째 부처님은 보취존寶聚尊이요

여덟째 부처님은 법당불法幢佛이시라.

제 구 명 승 재
第九名勝財요

제 십 명 지 혜
第十名智慧라

차 십 위 상 수
此十爲上首이늘

공 양 무 부 진
供養無不盡호라

아홉째 부처님은 승재勝財요

열째 부처님은 지혜智慧이시라.

이 열 분을 상수로 하여

모두 다 남김없이 공양하였습니다.

여덟 번째 묘승주겁妙勝主劫 때의 일을 밝혔다. 80나유타 부처님이 출현하셨는데 먼저 열 분의 부처님을 들었다. 그 모든 부처님께 일찍이 공양하고 가장 높은 도를 닦아 행하였다고 하였다.

(9) 천공덕겁千功德劫 때의 일

차제부유겁
次第復有劫하니

명왈천공덕
名曰千功德이요

이시유세계
爾時有世界하니

호선화당등
號善化幢燈이라

그 다음에 또 겁이 있으니

이름이 천공덕千功德이요

그때에 세계가 있으니

이름이 선화당등善化幢燈이라.

육십억나유
六十億那由의

제불흥어세
諸佛興於世하시니

최초적정당
最初寂靜幢이요

기차사마타
其次奢摩他요

육십억 나유타 부처님이

세상에 출현하셨으니

첫째 부처님은 적정당寂靜幢이요

그 다음은 사마타奢摩他이시며

제삼 백 등 왕
第三百燈王이요

제사 적정 광
第四寂靜光이요

제오 운밀음
第五雲密陰이요

제육 일대명
第六日大明이요

셋째 부처님은 백등왕百燈王이요

넷째 부처님은 적정광寂靜光이며

다섯째 부처님은 운밀음雲密陰이요

여섯째 부처님은 일대명日大明이시라.

칠호 법등광
七號法燈光이요

팔명 수승염
八名殊勝焰이요

구명 천승장
九名天勝藏이요

십명 대후음
十名大吼音이라

일곱째 부처님은 법등광法燈光이요

여덟째 부처님은 수승염殊勝焰이요

아홉째 부처님은 천승장天勝藏이요

열째 부처님은 대후음大吼音이시라.

여 시 등 제 불 　　　　아 실 상 공 양
如是等諸佛을　　　**我悉常供養**호대

미 득 청 정 인　　　　심 입 제 법 해
未得淸淨忍하야　　**深入諸法海**호라

이와 같은 여러 부처님을

제가 모두 항상 공양했으나

청정한 법인을 얻지 못하여

법의 바다에 깊이 들어가지 못했습니다.

아홉 번째 천공덕겁千功德劫 때의 일을 밝혔다. 육십억 나유타 부처님이 그 세상에 출현하셨으며 첫째 적정당寂靜幢 부처님으로부터 열 부처님이 세상에 출현하신 것을 밝히고 이와 같은 여러 부처님을 공양했으나 청정한 법인을 얻지 못하여 법의 바다에 깊이 들어가지 못했다고 하였다.

(10) 무착장엄겁無着莊嚴劫 때의 일

차 제 부 유 겁　　　　명 무 착 장 엄
次第復有劫하니　　**名無着莊嚴**이요

이 시 유 세 계 　　　　명 왈 무 변 광
爾時有世界하니　　**名曰無邊光**이라

다음에 다시 겁이 있으니

이름이 무착장엄無着莊嚴이요

그때에 세계가 있으니

이름이 무변광無邊光이라.

중 유 삼 십 육 　　　　나 유 타 불 현
中有三十六　　　　**那由他佛現**하시니

초 공 덕 수 미　　　　제 이 허 공 심
初功德須彌요　　　**第二虛空心**이요

그 겁 동안에 36나유타

부처님이 출현하셨으니

첫째 부처님은 공덕수미功德須彌요

둘째 부처님은 허공심虛空心이요

제 삼 구 장 엄　　　　제 사 법 뢰 음
第三具莊嚴이요　　**第四法雷音**이요

제 오 법 계 성
第五法界聲이요

제 육 묘 음 운
第六妙音雲이요

셋째 부처님은 구장엄具莊嚴이요

넷째 부처님은 법뢰음法雷音이며

다섯째 부처님은 법계성法界聲이요

여섯째 부처님은 묘음운妙音雲이며

제 칠 조 시 방
第七照十方이요

제 팔 법 해 음
第八法海音이요

제 구 공 덕 해
第九功德海요

제 십 공 덕 당
第十功德幢이라

일곱째 부처님은 조시방照十方이요

여덟째 부처님은 법해음法海音이며

아홉째 부처님은 공덕해功德海요

열째 부처님은 공덕당功德幢이시라.

여 시 등 제 불
如是等諸佛을

아 실 증 공 양
我悉曾供養호라

이와 같이 많은 부처님들을

제가 다 일찍이 공양하였습니다.

마지막 열 번째 무착장엄겁無着莊嚴劫 때의 일을 밝혔다. 36나유타 부처님이 출현하셨고 이와 같이 많은 부처님들을 모두 다 공양하였다고 하였다.

(11) 공덕당功德幢 부처님께 공양한 일

차 유 불 출 현 　　　　　명 위 공 덕 당
次有佛出現하시니　　　**名爲功德幢**이라

아 위 월 면 천　　　　　공 양 인 중 주
我爲月面天하야　　　　**供養人中主**호니

그 다음에 부처님이 출현하시니

이름이 공덕당功德幢이라.

그때에 저는 월면천月面天으로

그 부처님께 공양했더니

시 불 위 아 설　　　　　　무 의 묘 법 문
時佛爲我說　　　　　　**無依妙法門**이어늘

아 문 전 념 지　　　　　　출 생 제 원 해
我聞專念持하야　　　　**出生諸願海**호라

그때에 부처님이 저를 위하여

의지함이 없는 묘한 법문을 말씀하시니

저는 듣고 오로지 기억하여

여러 가지 소원을 내었습니다.

아 득 청 정 안　　　　　　적 멸 정 총 지
我得淸淨眼과　　　　　**寂滅定總持**하야

능 어 염 념 중　　　　　　실 견 제 불 해
能於念念中에　　　　　**悉見諸佛海**하며

저는 청정한 눈과

고요한 선정과 총지總持를 얻어

능히 생각 생각 가운데

모든 부처님 바다를 보았습니다.

아 득 대 비 장   보 명 방 편 안
我得大悲藏하야   **普明方便眼**으로

증 장 보 리 심   성 취 여 래 력
增長菩提心하야   **成就如來力**호라

저는 크게 가엾이 여기는 창고와

두루 밝은 방편의 눈을 얻어

보리심을 자라게 하고

여래의 힘도 성취하였습니다.

  열 번째 무착장엄겁 때의 일이 끝나고 그 다음에 다시 부처님이 출현하시니 이름이 공덕당功德幢이었다. 그때에 희목관찰중생주야신은 월면천月面天으로 그 부처님께 공양했다고 하였다. 월면천이란 무엇을 뜻하는가. '둥근 보름달 천신'이라는 의미일 것이다. 그때에 부처님이 주야신을 위하여 의지함이 없는 묘한 법문을 말씀하시었다. 그 법문으로 크게 가엾이 여기는 창고와 두루 밝은 방편의 눈을 얻어 보리심을 자라게 하고 여래의 힘도 성취하였다.

(12) 보현의 도를 성취하다

견중생전도　　　　　집상락아정
見眾生顚倒하야　　**執常樂我淨**하야

우치암소부　　　　　망상기번뇌
愚癡暗所覆로　　　**妄想起煩惱**하며

중생들이 뒤바뀐 소견으로

항상하고 즐겁고 나[我]라 하고 깨끗하다고 보아

어리석음이 가리어져

허망하게 번뇌를 일으키며

행지견조림　　　　　왕래탐욕해
行止見稠林하고　　**往來貪欲海**하야

집어제악취　　　　　무량종종업
集於諸惡趣에　　　**無量種種業**하며

나쁜 소견의 숲 속에 가고 머물고

탐욕 바다에 왕래하여

온갖 나쁜 길에 태어날

한량없는 가지가지 업을 모으며

일체제취중	수업이수신
一切諸趣中에	隨業而受身하야
생노사중환	무량고핍박
生老死衆患과	無量苦逼迫하고

일체 모든 여러 가지 길에

업을 따라 몸을 받아서

나고 늙고 죽는 온갖 근심과

한량없는 고통에 핍박당하도다.

희목관찰중생주야신은 보현의 도를 성취하기 전에 중생들이 현실에서 어리석어 존재의 실상을 잘못 보고 번뇌를 일으키며, 온갖 나쁜 길에 태어날 한량없는 업을 지으며, 또 업을 따라 몸을 받아서 나고 늙고 죽는 온갖 근심과 한량없는 고통에 핍박당하고 있음을 밝혔다.

위피중생고	아발무상심
爲彼衆生故로	我發無上心호대
원득여시방	일체십력존
願得如十方	一切十力尊이라하야

저러한 중생들을 위하여
저는 위없는 마음을 내어
시방세계에 계시는
열 가지 힘이신 세존이 되기를 원하였습니다.

연불급중생
緣佛及衆生하야

기어대원운
起於大願雲호라

종시수공덕
從是修功德하야

취입방편도
趣入方便道호니

부처님과 중생들을 인연으로
큰 서원의 구름을 일으키고
그때부터 공덕을 닦아
방편의 길에 들어갔으며

원운실미부
願雲悉彌覆하야

보입일체도
普入一切道라

구족바라밀
具足波羅蜜하야

충만어법계
充滿於法界하며

서원의 구름 두루 가득해
모든 도에 널리 들어가서
바라밀다를 구족하고
법계에 충만했으며

속 입 어 제 지　　　　삼 세 방 편 해
速入於諸地　　　　**三世方便海**하야

일 념 수 제 불　　　　일 체 무 애 행
一念修諸佛　　　　**一切無礙行**호라

여러 가지 지위와
세 세상 방편 바다에 빨리 들어가
모든 부처님의 일체 걸림 없는 행을
한 생각 동안에 모두 닦았습니다.

불 자 아 이 시　　　　득 입 보 현 도
佛子我爾時에　　　　**得入普賢道**하야

요 지 십 법 계　　　　일 체 차 별 문
了知十法界의　　　　**一切差別門**하노라

불자여, 저는 그때에
보현의 도에 들어가서
열 가지 법계의
일체 차별한 문을 분명히 알았습니다.

    선재동자가 희목관찰중생주야신 선지식에게 보리심을 발한 때와 해탈을 얻은 지 얼마나 오래되었는가를 물으니, 이 주야신 선지식이 길고 긴 세월 열 가지의 겁 동안에 무수한 부처님이 출현하셨고 그 모든 부처님을 친견하여 공양하고 법을 들은 내용을 게송으로 길게 설하였다. 그리고 마지막으로 보현의 도를 성취하게 된 사연을 설하면서 끝으로 "불자여, 저는 그때에 보현의 도에 들어가서 열 가지 법계[+法界]의 일체 차별한 문을 분명히 알았습니다."라고 하였다.
    열 가지 법계, 곧 십법계+法界란 줄여서는 십계+界라고도 하는데 여섯 종류의 범부인 지옥·아귀·축생·아수라·인간·천신과 네 종류의 성인인 성문·연각·보살·불을 말한다. 중생의 세계와 성인의 세계를 함께 일컬어 말하는 것으로 이 주야신 선지식이 얻은 법의 경계를 밝힌 것이다.

(13) 고금의 일을 회통會通하다

善男子야 於汝意云何오 彼時轉輪聖王名十方
_{선남자} _{어여의운하} _{피시전륜성왕명시방}

主가 能紹隆佛種者는 豈異人乎아 文殊師利童子
_주 _{능소륭불종자} _{기이인호} _{문수사리동자}

가 是也며 爾時夜神이 覺悟我者는 普賢菩薩之所
_{시야} _{이시야신} _{각오아자} _{보현보살지소}

化耳라
_{화이}

"선남자여, 그대는 어떻게 생각합니까. 그때 전륜성왕으로서 이름이 '시방주十方主'인 부처님의 종성을 이은 이가 어찌 다른 사람이겠습니까. 곧 문수사리동자가 그 사람이며, 그때 저를 깨우쳐 준 주야신은 보현보살이 화현한 것입니다."

고금의 일을 회통會通하여 밝히는 내용인데 지금의 문수사리동자는 지난날 시방주라는 전륜성왕이고 지금의 보현보살의 화신은 지난날 주야신이었다고 하였다.

아 어 이 시　　위 왕 보 녀　　몽 피 야 신　　각 오 어
我於爾時에 **爲王寶女**러니 **蒙彼夜神**이 **覺悟於**

아　　　영 아 견 불　　발 아 뇩 다 라 삼 먁 삼 보 리 심
我하야 **令我見佛**하고 **發阿耨多羅三藐三菩提心**하니

"저는 그때 왕의 딸로서 그 주야신의 깨우침을 입고 저로 하여금 부처님을 뵙고 아뇩다라삼먁삼보리심을 내게 하였습니다."

자 종 시 래　　경 불 찰 미 진 수 겁　　불 타 악 취
自從是來로 **經佛刹微塵數劫**토록 **不墮惡趣**하고

상 생 인 천　　어 일 체 처　　상 견 제 불　　내 지 어 묘
常生人天하야 **於一切處**에 **常見諸佛**하며 **乃至於妙**

등 공 덕 당 불 소　　득 차 대 세 력 보 희 당 보 살 해 탈
燈功德幢佛所에 **得此大勢力普喜幢菩薩解脫**하야

이 차 해 탈　　여 시 이 익 일 체 중 생
以此解脫로 **如是利益一切衆生**하노라

"그때부터 세계의 미진수 겁을 지내 오면서 나쁜 길에는 떨어지지 않고, 항상 인간과 천상에 태어나서 모든 곳에서 모든 부처님을 친견하여 묘등공덕당妙燈功德幢

부처님 때에 이르러서 이 큰 세력으로 널리 기쁘게 하는 당기의 보살 해탈을 얻고, 이 해탈로써 이와 같이 일체 중생을 이익되게 하였습니다."

문수사리동자의 전신과 보현보살의 화신을 밝히고, 희목관찰중생주야신이 자신은 그때 전륜왕의 딸이었는데 그때의 주야신이 자신을 깨우쳐 줌을 얻고 보리심을 발하고 나서 해탈을 얻었으며, 그 해탈로 일체 중생을 이익하게 한 사연을 모두 밝혔다.

6) 자기는 겸손하고 다른 이의 수승함을 추천하다

善男子_야 我唯得此大勢力普喜幢解脫門_{이어니와}
如諸菩薩摩訶薩_은 於念念中_에 普詣一切諸如來所_{하야} 疾能趣入一切智海_{하며}

"선남자여, 저는 다만 이 큰 세력으로 널리 기쁘게 하는 당기 해탈문을 얻었거니와 모든 보살마하살은 잠깐잠깐 동안에 일체 모든 여래의 처소에 두루 나아가서 일체 지혜의 바다에 빨리 들어가며,

於念念中_에 以發趣門_{으로} 入於一切諸大願海_{하며} 於念念中_에 以願海門_{으로} 盡未來劫_{하며}

잠깐잠깐 동안에 발취하는 문으로 일체 모든 큰 서원 바다에 들어가며, 잠깐잠깐 동안에 서원 바다의 문으로 오는 세월이 끝나도록 하며,

念念出生一切諸行_{하며} 一一行中_에 出生一切刹微塵數身_{하며} 一一身_이 普入一切法界門_{하며} 一

一法界門一切佛刹中에 隨衆生心하야 說諸妙
行하며

  잠깐잠깐 동안에 일체 모든 행을 출생하고, 낱낱 행 가운데서 모든 세계의 미진수 몸을 출생하고, 낱낱 몸으로 모든 법계의 문에 널리 들어가고, 낱낱 법계의 문마다 모든 세계에서 중생들의 마음을 따라서 여러 가지 묘한 행을 말하며,

一切刹一一塵中에 悉見無邊諸如來海하며 一一如來所에 悉見徧法界諸佛神通하며 一一如來所에 悉見往劫修菩薩行하며

  모든 세계의 낱낱 티끌 속마다 그지없는 모든 여래 바다를 다 보고, 낱낱 여래의 처소마다 법계에 두루 한 모든 부처님의 신통을 다 보며, 낱낱 여래의 처소마다

지나간 겁에 닦던 보살의 행을 다 보고,

一一如來所㠯 受持守護所有法輪하며 一一如來所㠯 悉見三世一切如來諸神變海하나니 而我云何能知能說彼功德行이리오

낱낱 여래의 처소마다 모든 법륜을 받아 가지고 수호하며, 낱낱 여래의 처소마다 세 세상 일체 여래의 모든 신통변화 바다를 다 봅니다. 그러나 제가 어떻게 그 공덕의 행을 능히 알며 능히 말할 수 있겠습니까."

7) 다음 선지식 찾기를 권유하다

善男子야 此衆會中에 有一夜神하니 名普救衆

생묘덕   여예피문   보살   운하입보살행
生妙德이니 汝詣彼問호대 菩薩이 云何入菩薩行이며

정보살도   시 선재동자   정례기족   요
淨菩薩道리잇고하라 時에 善財童子가 頂禮其足하며 繞

무수잡   은근첨앙   사퇴이거
無數市하며 殷勤瞻仰하고 辭退而去하니라

"선남자여, 여기 모인 대중 가운데 한 주야신이 있으니 이름이 보구중생묘덕普救衆生妙德입니다. 그대는 그에게 가서 보살이 어떻게 보살의 행에 들어가며 보살의 도를 깨끗이 하는가를 물으십시오." 그때에 선재동자는 그의 발에 엎드려 절하고 수없이 돌고 은근하게 앙모하면서 하직하고 물러갔습니다.

입법계품 10 끝

〈제69권 끝〉

華嚴經 構成表

分次	周次			內容	品數	會次
擧果勸樂生信分 (信)	所信因果周			如來依正	世主妙嚴品 第一 如來現相品 第二 普賢三昧品 第三 世界成就品 第四 華藏世界品 第五 毘盧遮那品 第六	初會
修因契果生解分 (解)	差別因果周	差別因		十信	如來名號品 第七 四聖諦品 第八 光明覺品 第九 菩薩問明品 第十 淨行品 第十一 賢首品 第十二	二會
				十住	昇須彌山頂品 第十三 須彌頂上偈讚品 第十四 十住品 第十五 梵行品 第十六 初發心功德品 第十七 明法品 第十八	三會
				十行	昇夜摩天宮品 第十九 夜摩天宮偈讚品 第二十 十行品 第二十一 十無盡藏品 第二十二	四會
				十迴向	昇兜率天宮品 第二十三 兜率宮中偈讚品 第二十四 十迴向品 第二十五	五會
				十地	十地品 第二十六	六會
				等覺	十定品 第二十七 十通品 第二十八 十忍品 第二十九 阿僧祇品 第三十 如來壽量品 第三十一 菩薩住處品 第三十二	七會
			差別果	妙覺	佛不思議法品 第三十三 如來十身相海品 第三十四 如來隨好光明功德品 第三十五	
		平等因果周	平等因		普賢行品 第三十六	
			平等果		如來出現品 第三十七	
托法進修成行分 (行)	成行因果周			二千行門	離世間品 第三十八	八會
依人證入成德分 (證)	證入因果周			證果法門	入法界品 第三十九	九會

(資料:文殊經典研究會)

會場	放光別	會主	入定別	說法別舉
菩提場	遮那放齒光眉間光	普賢菩薩為會主	入毘盧藏身三昧	如來依正法
普光明殿	世尊放兩足輪光	文殊菩薩為會主	此會不入定,信未入位故	十信法
忉利天宮	世尊放兩足指光	法慧菩薩為會主	入無量方便三昧	十住法門
夜摩天宮	如來放兩足趺光	功德林菩薩為會主	入菩薩善思惟三昧	十行法門
兜率天宮	如來放兩膝輪光	金剛幢菩薩為會主	入菩薩智光三昧	十迴向法門
他化天宮	如來放眉間毫相光	金剛藏菩薩為會主	入菩薩大智慧光明三昧	十地法門
再會普光明殿	如來放眉間口光	如來為會主	入剎那際三昧	等妙覺法門
三會普光明殿	此會佛不放光,表行依解法依解光故	普賢菩薩為會主	入佛華莊嚴三昧	二千行門
祇陀園林	放眉間白毫光	如來善友為會主	入獅子頻申三昧	果法門

如天 無比

1943년 영덕에서 출생하였다. 1958년 출가하여 덕흥사, 불국사, 범어사를 거쳐 1964년 해인사 강원을 졸업하고 동국역경연수원에서 수학하였다. 10여 년 선원생활을 하고 1976년 탄허스님에게 화엄경을 수학하고 전법, 이후 통도사 강주, 범어사 강주, 은해사 승가대학원장, 대한불교조계종 교육원장, 동국역경원장, 동화사 한문불전승가대학원장 등을 역임하였다. 2018년 5월에는 수행력과 지도력을 갖춘 승납 40년 이상 되는 스님에게 품서되는 대종사 법계를 받았다.

현재 부산 문수선원 문수경전연구회에서 150여 명의 스님과 300여 명의 재가 신도들에게 화엄경을 강의하고 있다. 또한 다음 카페 '염화실'(http://cafe.daum.net/yumhwasil)을 통해 '모든 사람을 부처님으로 받들어 섬김으로써 이 땅에 평화와 행복을 가져오게 한다.'는 인불사상(人佛思想)을 펼치고 있다.

저서로『대방광불화엄경 실마리』,『무비스님의 왕복서 강설』,『무비스님이 풀어 쓴 김시습의 법성게 선해』,『법화경 법문』,『신금강경 강의』,『직지 강설』(전 2권),『법화경 강의』(전 2권),『신심명 강의』,『임제록 강설』,『대승찬 강설』,『유마경 강설』,『당신은 부처님』,『사람이 부처님이다』,『이것이 간화선이다』,『무비 스님과 함께하는 불교공부』,『무비 스님의 증도가 강의』,『일곱 번의 작별인사』, 무비 스님이 가려 뽑은 명구 100선 시리즈(전 4권) 등이 있고 편찬하고 번역한 책으로『화엄경(한글)』(전 10권),『화엄경(한문)』(전 4권),『금강경 오가해』등이 있다.

대방광불화엄경 강설 제69권

| 초판 1쇄 발행_ 2017년 9월 20일
| 초판 2쇄 발행_ 2019년 10월 22일

| 지은이_ 여천 무비(如天 無比)
| 펴낸이_ 오세룡
| 편집_ 박성화 손미숙 김정은 이연희
| 기획_ 최은영 곽은영
| 디자인_ 고혜정 김효선 장혜정
| 홍보 마케팅_ 이주하
| 펴낸곳_ 담앤북스
　　　서울특별시 종로구 새문안로3길 23 경희궁의 아침 4단지 805호
　　　대표전화 02)765-1251 전송 02)764-1251 전자우편 damnbooks@hanmail.net
　　　출판등록 제300-2011-115호
| ISBN　979-11-6201-010-5　04220

정가 14,000원

ⓒ 무비스님 2017